俺たちの転職物語

Our career change stories

歩兵 Hohei ／中尉 Chui 著

はじめに

「転職に関心があるけど、具体的に何をすれば良いかわからない……」

本書を手に取ったあなたは、こんな思いを抱えているかもしれません。

初めまして、「俺たちの転職物語」副編集長の中尉と申します。共同著者で編集長の歩兵と同じく、X（旧Twitter）のユーザー名でやらせてもらっています。2人ともふざけた名前ですが、ご容赦ください。

まずは、数多ある〝転職本〟の中から本書を見つけてくださり、心より感謝申し上げます。この本は、note「俺たちの転職物語」で不定期に連載していた様々な人の転職記を書籍化向けに追加取材の上、アレンジしたものです。

noteで転職記を開始したのは、2022年秋のことでした。

私と歩兵がお互い1年違いで転職を経験し、久しぶりに再会して話をする中で得た、「転職って、思っていたよりも深いものだった」という共通の気づきが大きなきっかけです。

最初は自分たちの転職記を端緒に、友人や知人、同僚などを経由してこれまで多くの転職経験者に取材させていただきました。私は元新聞記者なので文章を書くことに自信はありましたが、noteでここまで長尺の記事を、しかもネットでウケるような切り口で書くことを本業と並行してやることは試行錯誤の連続でした。

また、これまで何も実績のない我々2人の取材に応じてもらう人を探すことも、最初はとても苦労しました。それが、はじめは数人だったフォロワーが100人を超え、1000人になり、加速度的に増えていく中でXでの反響も次第に大きくなり、書籍化の話をいただくまでとなりました。

noteを開始した当時、まだフォロワーが100人程度だった頃に私と歩兵はある目標を打ち立てます。それはまさに「俺たちの転職物語」の書籍化でした。とは言っても、当時は半ば憧れに近い目標で、実現可能性はせいぜい2%ぐらいだろうなと思っていました。

そこから3年、何度も心が折れそうになり、何度も辞めようと思いましたが、やはり〝継続は力なり〟。大それたゴールが現実となったいま、これまでの日々を振り返ると本当に感慨深いものがあります。

「望み通り」からの決別

私・中尉と歩兵は大学1年生のときからの友人で、同じ学部の出身です。

私はジャーナリズムを学んで新卒で新聞社へ、歩兵は米国留学などを経て総合商社に入社しました。

共通していたのは、2人とも大学1年の頃から志望業界がある程度定まっていて、そこに向かって4年間を過ごし、結果として志望度の高い企業に入れたことでした。

つまり、一言で言えば「望み通りの道」に進めたわけです。

このまま大企業に身を置き、やりたい仕事に身を捧げ、まあ仮にダメでも窓際でゆるくやり過ごし、とりあえず定年まで働く。

そんな人生も悪くないだろう。

当然、そういった思いも頭にはありました。というか、それが「人生の正解」だとすら思っていたかもしれません。

しかし不思議なもので、10年も経たずして2人とも「正解」だと思っていた企業と決別し、別の道に進む選択をしました。

れぱと思います。

一つ言えるのは、人生とは想像以上に難解で、1、2年という短い期間でも価値観がまるっきり変わってしまうことがザラにあります。

その背景にあるのは何か。人との出会い、恋愛、結婚、出産、子育て、介護、病気、別れ……。様々なライフステージを経て、人間の内面は簡単に変わっていくものだと思います。むしろそれは生物として自然なことかもしれません。

大人の階段をのぼる

この10年足らずで何があったのか。それぞれの物語は、各章でじっくり読んでいただければと思います。

中でも、20代のライフイベントはその後の人生観に大きな影響を及ぼすと感じています。実際、我々2人ともそうでした。

そうして大人の階段をのぼっていく中で、生活の軸となる仕事との関わりは常に頭を悩ませます。多くの人は生活に仕事を合わせていくのではなく、仕事に生活を合わせざるを得ない状況にある印象です。

それはなぜなのか。

ひと昔前と比較して、転職などで自分が望むキャリアや働き方を自ら摑みにいく人は増えました。

一方で、一つの企業で生涯勤め上げる終身雇用の概念は今も日本社会に根深く残っており、年代によっては「転職は逃げだ」などと否定的な考えを人に押し付けるような方々もいたりします。転職とはあくまでキャリアの一選択肢なので、そこに対して他人が評価すること自体が筋違いだと思いますが、いずれにせよ自分が望むライフスタイルを自力で手に入れる余地があるにもかかわらず、行動に移せていない潜在層はまだ多いように感じます。

総務省の労働力調査によると、近年は転職希望者が増加傾向で、2023年に初めて1、000万人を超えました。背景としては、前述のように働き方の多様化などがあるとみられますが、他方、実際に転職をしたのはそのうち3割ほどの328万人です。

それぞれ抱えている事情に濃淡はあるにせよ、転職はしたいけどできていない、踏み切れていない、何をすればいいかわからないといった悩みを抱えている人が一定数この世の中にいることは、統計上からもなんとなく感じ取れます。

「何をすればいいか」というのは、転職サイトの登録やエージェントとの面接といった手続的なことではなく、人生における仕事との向き合い方といったもっと根本のマインド面を指します。

私は転職をしてから、友人や先輩、後輩、同期、Xのフォロワーなど数多くの方から「転職したときの話を聞かせてほしい」と言われることが想像以上にありました。そこで感じたのは、実はみんなが知りたがっているのは「どの転職サイトが良いか」などではなく、その手前の「みんなはどうやって転職したのか」という体験談や経験者の考え方を参考にしたいのではないか、ということです。

自分の体験を伝えるという極めてシンプルな行為だけで、悩みを抱え困っている人たちに届くものは意外と大きいのかもしれない。

そんな思いが、「俺たちの転職物語」の制作の原点にはあります。

名もなき13人の物語

本書では、具体的な転職活動の進め方といったノウハウについてはあまり触れていません。代わりに、キャリアに悩み、それぞれ事情を抱え、自分と向き合い、もがきながらも〝転職〟という自分なりの答えを出した〝名もなき13人〟の人生を、可能な限りノンフィクションに近い形で描いています。

「転職」より「人生」というキーワードのほうが親和性が高いかもしれません。我々は転職という行為が必ずしも正義だとは思いませんし、転職をすることが全ての人にとって正解とは限らないでしょう。

ただ、自分のキャリアについて考え、転職活動というアクションを起こすことで得られる気づきは計り知れないものがあると断言できます。

皆さんにとって、本書が「転職」というキーワードをフックに、人生を前に進めるきっかけになればと強く願っています。

中尉

俺たちの転職物語　目次

Vol. 1

総合商社
⬇
コンサルティングファーム

夢だった海外駐在中に僕が転職をした理由

歩兵・30代前半

はじめに

「俺たちの転職物語」編集長の歩兵です。

私は物心ついたときから、人生のゴールは就職活動で大手企業に内定をもらうことだと思っていました。そして、学生時代にたくさん努力をして大企業に入社しましたが、今ではその会社を退社し、就活時には見向きもしなかった企業で有意義に働いています。

〝人生のゴール〟だと思っていた企業を辞める。

その意思決定には本当に多くの葛藤がありました。そういった葛藤の一部始終を綴りたいとXで発信を始めました。そこから様々なご縁もあり、取材を通して様々な業界・職種の方々の「転職の葛藤」をnoteに書かせてもらっています。

一つとして同じ人生はないし、一つとして同じ転職もなく、そこには一人一人の物語があり、自分の人生にとっても参考になると思っています。本書ではその物語の一部を抜粋し、皆さんにご紹介します。

自己紹介

私は新卒で総合商社に入社して8年目の海外駐在中に転職をし、現在は日本国内のコンサルティングファームで働いています。歳はアラサーで、妻とかわいい息子2人と地元埼玉で暮らしています。商社で海外駐在という周りから見たら華やかなキャリアを歩んでいた私が、駐在中に転職を決意した背景と結果、そしてその振り返りを書いていこうと思います。転職したいけど勇気が出なかったり、今の勤務先のブランドを捨てられなかったり、周りからの目がどうしても気になったりして、転職への一歩が中々踏み出せない方々の一助になれば幸いです。

私の学生時代と就職活動

私は学生時代から海外志向が強く、MARCHの附属高校から国際系の学科に進学しました。附属高生だったので周りは華やかな飲みサーやスポーツサークルに入っている人が多かったですが、私はサークルには入らず、割と授業を真面目に受けつつ、留学生との交流イベントに参加したり、短期留学をしたりして、国際交流と英語の勉強に力を入れました。大学2年〜3年にかけては長期のアメリカ留学、アメリカの企業でのインターンシップも経験し、あまり遊びに時間を使うことなく、私は満を持して就活解禁のときを迎えました。私の就職活動はとてもシンプルで、海外行きたい！ モテたい！ 金が欲しい！ の三本軸で総合商社のみを受けました。そして、志望度が高くリクルーター制度でタッチポイントの多かった企業から早期に内定をもらい、私の就職活動は就活解禁とほぼ同時に終了しました。

入社、そして配属

就活が終わってからは、今までの真面目な学生生活が嘘だったかのように遊び、大学4年生という人生の夏休みを謳歌しました。もう大体のことはやり切ったと思えるくらい必死に遊んだため、「4月からは社会人として切り替えて頑張ろう！」と腹を括ることができ、前向きな気持ちで社会人生活をスタートさせました。私の配属は希望にかすりもしない金属本部でした。金属本部は地味でハードな業務が多く、残業も飲み会もハラスメントも多いイメージの部署だったので、配属面談では「金属本部」という言葉を絶対に使わないようにしていました。にもかかわらず、無慈悲な采配に社会人初っ端から心が折れました。実際の業務も想像通りのものでした。地味なルーティーン作業や理不尽なお客さんとの折衝、突発的に起こるトラブルやイレギュラーへの対応を人一倍こなし、飲み会では積極的に飲んで踊って酒を注ぎ、上司やお客さんを満足させることに邁進し、心身共に負荷がかかりながら日々を過ごしました。ストレス、暴飲暴食、運動不足で15キロほど体重が増えた2年目の後半に、私は学生時代から付き合っていた彼女と結婚しました。その直後、転勤+子会社出向を言い渡され、思い通りにならない自分のキャリアに苛立ち、初めて「転職」が頭をよぎりました。しかし、「商社マン」という肩書を捨てる気にはなれず、我慢をしながら来たる「海外駐在」という将来的なチャンスに向けて毎日仕事をしていました。そして遂に、そろそろ本社に戻るor海外という5年目のタイミングで海外駐在を拝命しました。子会社出向の営業→アメリカでの新規事業体を立ち上げるプロジェクトマネージャー（以下、PM）というチャレンジングな人事により、私の夢の海外駐在が決まったのです。

コロナ禍の米国駐在

私の駐在が決まったのはちょうどコロナが流行りはじめていたときで、「飛行機が飛ばなくなる前に入国しろ」という指示を受け、急遽予定よりも2週間前倒しで赴任をすることになりました。親にすら挨拶できないまま、妻子を残し、ビジネスクラスに2人しか乗っていないスカスカのアメリカ行の飛行機に乗って私の駐在生活はスタートしました。本来であれば妻子帯同で駐在に行けるはずでしたが、コロナの影響で当面は単身赴任になるとのことで、私は妻と1歳の息子と離れて暮らすことになりました。

着任してから半年程は、コロナの影響で基本的にリモート業務の毎日でした。アメリカのオフィスで英語を使いながら現地スタッフと膝を突き合わせて議論をする毎日を想像していた僕は、少し拍子抜けしました。出社ができず、face to faceのコミュニケーションができない中での現地スタッフの管理は非常に大変でしたが、心地よい負荷と満足感で有意義な毎日を過ごしていました。

半年ほどたつとコロナも日常になってきて、家族をアメリカに呼ぶこともできました。1歳の子供にとって、父親と離れる半年間はかなり長いもので、空港で久々の再会をはたした際、「この人がパパ?」というきょとんとした顔をしていたのは今でも忘れられません。

それからは仕事も家庭も問題なく過ごしていましたが、変化は突然やって来ました。上司から呼び出され、唐突に米国国内での異動を告げられたのです。当初出張ベースで行う予定だったプロジェクトについて、地方拠点に異動して現地でそのプロジェクトを管理してほしいという指示でした。突然すぎて驚きましたが、コロナの影響で何も予定通りに行っていないという理由だけに断れず、1か月後には引っ越しをしました。

時間がない中、引っ越し先の治安や利便性の情報収集から家決め、各種インフラの解約と契約、引っ越し準備で大忙しで本当に大変でした。妻も子供もやっとできた友人たちと離れ離れになり、本当に申し訳なかったです。自分が経験したのでよくわかりますが、赴任した異国の地内でさえも会社都合で転勤させられる可能性のある駐在員はホントに大変だなと思います。もちろん断ることもできるんでしょうが、「人事評価に響くんじゃないか」とか「成長機会を逃すんじゃないか」とか考えるとどうしても断れないんです。

理想と現実のGAP、苦しむ日々

地方拠点に異動してからは激動の毎日でした。日本人がオフィスに1人もいないどころか、未だかつて日本人がいたことすらない拠点だったので完全にアウェーでした。それに加えて現場も管理するポジションになったため、現場の方々からの意味のわからない質問や指摘にボコボコにされながらも、できる限り毎日現場に通って現場社員とコミュニケーションを取りながらオペレーションを学び、紙に落ちていない情報を集めることに必死になった毎日でした。今思えば多くの駐在員が在宅勤務をしている中で、毎日コロナのリスクにさらされながらも出社し続けていた私のソルジャー感は凄まじかったなと思います。命がけで仕事していたのに手当は0円でしたから。コロナの影響で慢性的な人手不足が続き、米国企業の多くが「今年はもう無理だ」と早々に生産計画を下方修正する中、赴任先の企業（いや日系企業のほとんど）は「諦めることなかれ」とコロナ前に立てた生産計画を達成するため、現場の人間が足りないときには管理職がラインに入り作業を行う等して、なんとか生産ラインを死守するというカオスな状況が続きました。

そんな中、悲劇は突然訪れました。立ち上げ前から二人三脚でやってきた米国人マネージャーが業務負荷に耐えられずに退職したのです。彼が退社の前夜に話してくれた言葉を、僕は恐らく一生忘れないと思います。

“Family is the most important thing in my life. Not work. And you need to think about that too. Family needs you.” (私にとっては家族が第一であり、仕事が第一ではない。そしてそれはお前も考えなければいけないことで、家族にはお前が必要なんだ)

とても素敵なアドバイスですよね。しかし、精神的に疲れていて視野が狭くなっている状況というのは人を狂わせるもので、私は彼のアドバイスを無視して同じような働き方を続けました。いや、彼が抜けた分、「私が頑張らねばダメだ!」という使命感で更にハードに働きました。私が辞めるなんてことは会社(部署)にとっては屁でもないことで、すぐに新しい人間を赴任させてプロジェクトにアサインするだけですが、当時の私は「自分がやらねばこのプロジェクトは間違いなく終わる」というスーパーヒーローマインドで毎日仕事をしていました。「やりがい」という名の悪魔に取りつかれていましたね。現場にマネジメント層が自分しかいなくなったため、毎日現場に通い、現場社員と密にコミュニケーションをとって課題を抽出し、定時後に課題解決に取り組んでアクションプランに落とし込み、翌朝にオペレーションまで落とし込むべく現場社員を巻き込んでいく。

しかし、育成した社員がその経験をベースに、人手不足かつ高い給料を提示している現地企業に転職をしていく。頑張っても、頑張ってもその努力の大半が無駄になり、本当に少しずつしか物事が前に進んでいかない。そんなスーパーハードな毎日が続きました。現場で過ごす時間が増えても、プロジェクトを進める上での事務作業や日本へのレポート業務、業績や予算の分析業務は1ミリも減らないので深夜まで残業をする毎日で、納期のある仕事が終わらなければ土日のどちらかも（時にはどちらも）自宅で仕事をしていました。

当時、残業時間は正確に計る元気もありませんでしたが、恐らく150時間くらいだったと思います。定時外に日本からのメールを見て、返せるものを返していた時間とかは入れていないので実際はもっとだったかもしれません（笑）。150時間残業したところで〝管理職扱い〟なので一円も残業代はつかないし、〝管理職扱い〟でも実際はただの担当職なわけなので給料は担当職ベースで、会社からしたら非常にコスパのいい人材だっただろうと思います。同じ地域にいた、ゴルフばかりしていて仕事をしているのかしていないのかわからないおじさまが、結構上の職位の管理職で自分よりはるかに高い給料をもらっているという事実に気づいたときは、さすがに心が折れそうになったのを覚えています。

また、時差を考慮せずにこちらが夜だろうが、現地の祝日だろうが普通に電話が来る点もストレスフルでした。海外駐在員の宿命かもしれませんが、時差があって定時前や定時後に常にメールが来たり電話が来たりする心の休まらない状況は本当に大変ですよね。そんなカオスな状況の中でも折れずに頑張れたのは、私が責任感が強く体力もあったからということもありますが、一番はこのチャレンジングな環境を乗り越えれば「何者かになれる」と信じていたからだと思います。「何者かになりたい」「何者かになれるんじゃないか」そんな一心でだだっ広いスコープの中、日々色々なことに挑戦し、もがきながらもなんとか物事を前に進めていくのは恍惚感があり、やりがいもありました。ただ、今客観的に当時を振り返ると、際限なく仕事が降ってきて常に時間に追われ、新しい知識やスキルのインプットができないまま、取り急ぎ今までやってきたスキルや経験や時間を使ってタスクをクリアすることを繰り返していただけで、特にスキルがついていない部分が多かったのではないかと思います。

自分の人生にとって大事なものとは？

非人道的な働き方を継続しながらも無事に工場が完成し、多少余裕が持てるようになった頃（とはいえ残業時間は100時間弱でしたが）、私は今後の人生について考えていました。自分の人生について真剣に考えるようになったキッカケは息子の成長でした。子供が1歳になってもあまり可愛いと思えず、「子供が生まれると価値観が変わる」というのが理解できずに悩んだ時期もありました。しかし、息子が2歳を過ぎたあたりから意思疎通ができるようになり、「パパ、パパ」と話しかけてくれるのが可愛くて仕方がなくなり、今まで許容できていた長時間労働や休日出勤がとても許容できるものではないと感じるようになりました。そもそも、私は何のためにここまで自分を犠牲にしているのだろうか？　そこまで出世する必要があるのだろうか？　出世するのは何のためだろうか？　大切なのは目の前の家族なのではないか？　余裕がなく、日々目の前の業務をこなすことで精いっぱいだったときには気づかなかった、気にならなかったことがとても気になるようになり、日々もんもんとしながら過ごしていました。たまに定時帰りができて仕事終わりですぐに家に帰って子供と遊んでいるときや、休日に子供と妻とまったり公園で遊んでいるとき、言語化できない幸福感を得ていました。何となくですが「この感覚は大事にしなければいけない」と強く思ったことを今でも覚えています。1か月程、本を読んだり、長々ネットサーフィンをしたり、ノートにアイディアを書いたりして、一生懸命自分の人生について考えました。

そして、たどり着いた結論は「やりたくないことをやり続ける人生は不幸だから、やりたくないことをできるだけやらない人生を送れば不幸ではなくなる＝幸福に近づくだろう」でした。

1 転勤したくない

私が自身の8年のキャリアの中でやりたくないと思ったことは左記の六つでした。

2 通勤したくない

3 ＪＴＣに勤務したくない

4 接待したくない

5 雑務したくない

6 激務したくない

左記に解説していきます。

1 転勤したくない

転勤は自分だけでなく家族単位（特に子供）でデメリットがたくさんあります。転勤する本人は会社という居場所があるのでいいですが、妻や子供は交友関係を新しく築かなければなりませんし、生活をするために必要な病院や歯医者、保育園等の情報の入手も大変です。配偶者がキャリア形成している場合は配偶者のキャリアも断絶されますし、マイホームを買ったり子供の進路を考えたりといった人生計画を立てるのも難しくなります。あまりにも転勤のデメリットを多く感じていたので、転職先は転勤のない業界に絞りました。

2 通勤したくない

コロナ禍になってからリモートワークの会社が増え、リモートワークの魅力が色々な所で発信されていて私もリモートで働きたいと思いました。満員電車に揺られて通勤は嫌だし、毎日スーツを着るのも嫌だし、子供と接する時間も増えるのでメリットばかりだなと思ったからです。また、後述しますが当時から転職したら2人目の子供の子育てのため、両親のサポートを受けられる地元埼玉に住もうと考えていました。そのため、片道1時間以上かけて長時間通勤をするのがしんどそうで、転職先はリモートができる会社に絞ることにしました。

3 JTCに勤務したくない

JTC（Japanese Traditional Company ＝古くからある日系大手企業）には合理的ではないルールがたくさんあり、何をするのにも時間がかかるのが嫌だったし、前例至上主義で新しいことが良しとされていない文化も嫌だったし、働いていない窓際おじさんがたくさんいて自分たちより高い給料をもらっているのも嫌だったし、年功序列で上に行っただけの人たちにドヤ顔でかつ理不尽にコキ使われるのも嫌でした。なので転職先はそういった古い体質のない若い会社＝平均年齢が若くて働かないおじさんが少なそうな会社に転職先を絞りました。

4 接待したくない

接待でいいお酒が飲めたり、いいご飯が食べられることをメリットと考える人もいると思いますが、私はそうではありません。好きでもない人とお酒を飲んで相手の機嫌取りをするのは嫌ですし、翌日の業務に悪影響があるのがわかっていながらも飲みたくないお酒を笑顔で大量に飲み（飲まされ）、歌いたくない曲をノリノリで踊りながら歌う（歌わされる）時間は苦痛でしかなかったので、転職先は接待がないような会社に絞りました。

5 雑務したくない

意味のない、やっても全くスキルがつかないような雑務を大量にするのが、ただただ嫌でした。できるだけ雑務がなく、付加価値の高い業務ができる会社に転職しようと思いました。

6 激務したくない

もう月150時間の残業なんてコリゴリですし、そもそも仕事のために生きるのではなく、生きるために仕事をしているのであって、「寝てるか、仕事してるか」で家族との時間もまともに過ごせないような激務な会社は辞めようと思いました。

結論

①～⑥の全てを網羅することは難しくとも、せめて①～③はやらなくていい会社を探しました。ビズリーチやAMBI、JAC Recruitment等のエージェントに①～⑥のやりたくないことを伝えて、それらが実現できそうな企業を色々探し回ってもらいました。加えてもちろん自分でも血眼になりながらOpen Workを見たり、知人や友人に相談したりして候補の会社を探しました。部分的に該当する会社を含め結構候補が出てきましたが、概ね当てはまるのは新興IT系企業であったため、比較的若めのIT系の企業に的を絞って転職活動を始めました。具体的にはコンサルティングファーム、メガベンチャー[*1]、SaaS系[*2]の3つです。

＊1　ベンチャー企業としてはじまった企業が成長し、規模が大きくなったもの
＊2　Software as a Service の略称。サース、あるいはサーズと読む。サービス提供事業者（サーバー）側で稼働しているソフトウェアを、インターネットなどのネットワークを経由して、ユーザーが利用できるサービス

転職活動で重要視した2つの変化点

前述の六つのやりたくないことに加え、私は転職活動を行うにあたって、二つの時代の変化点に対応することを重視しました。

1 自分でキャリアを形成していく時代への対応

同じ会社に勤め続け、その会社の中での出世を目指して必要なスキルを形成したり、経験を積んだり、時にはしこたまゴマをすったりするのが当たり前の時代から、転職やMBAの取得、留学等を通して自らが主体的に一つの会社にとらわれずにキャリアを形成していく時代への変化に、しっかりと対応しなければと思いました。私の場合は、当面のキャリアの軸はプロジェクトマネージメント×英語だと考えていて、世界中どこでも働けるようなスキルを身につけたいと考えていたので、そのスキルを磨き、経験を積んでいけるような会社を選びました。これが学び終われば次の企業に転職して、新たな自分のキャリアを築いていければいいと考えていたので、よく転職先の高評価につながる「長期的な従業員の成長」みたいな項目はほとんど重要視しませんでした。

2 本業一本で戦わない時代への対応

柔軟な企業では副業が続々と解禁となり、本業は本業でカッチリやりながら、副業を通して収入UPやスキルUP、自己実現を目指せる時代に徐々に変化してく中で、本業一本でやっていくことのメリットは薄いと感じていました。もちろん本業をガチってスキルを高めたり経験を積んだりすることはとても重要ですが、同時に上手く副業をしたりパラレルキャリアにトライをして、賢くお金とスキルを得ることもキャリアにとってはプラスだし、何より精神衛生上収入源は多いに越したことはないと思っていたので、転職先は副業や兼業がOKな会社に絞りました。

転職活動の結果と振り返り

そんな感じでやりたくないこととやるべきことのバランスを考えながら最終的にIT系の企業2~3社程に絞って面接を受け、2社から内定を頂き、結局最後は給料の高いほうに行くことにしました。私の転職活動を振り返ると、結構上手く転職することができたと思っています。駐在期間中の高い給与をベースにしていいオファーがもらえましたし、リモートワーク（今はハイブリッドですが）、転勤なし、JTC味が薄い会社で働けているので精神的にとても楽です。業務も英語を使いながらPMをやらせてもらえているので現状はとても満足しています。子供と過ごす時間も増えて本当に幸福度の高い毎日を送れています。

地元に帰って親族や昔の友達と仲良く暮らしながら、リモートワークで割といい給料をもらっているネオマイルドヤンキー生活から当分抜け出せそうにはありませんので、次に転職をする際にもリモートは条件に入ってくると思います（笑）。

また、現職は副業が許可されているので、転職してからはSNSを中心とした副業に力を入れていて、収益が安定してきた2年前に開業して個人事業主になり、正式に兼業ワーカーとなりました。振れ幅はありますが、今でもコンスタントに月10万～20万程は稼げています。色々と書きましたが、これらは全て「行動したから得られた結果」であり、行動しなければ何も変わらないし、ふとした瞬間にいい生活が落ちてくるなんて奇跡は起きないし、起きるとしてもそんな他力本願で奇跡を待つ人生なんてナンセンスだと思いますので、一歩一歩前に進むために行動していくべきだと私は思います。

転職のアドバイス

転職活動をしていると、色々な人から色々なアドバイスを受けると思いますので、私からのアドバイスもその one of them として聞いていただきたいです。私は、転職で意識すべきことはその企業で確実に得ることのできるボトムラインのベネフィットを考え、不確実性の高いベネフィットには期待しないことだと思います。夢がないと思われるかもしれませんが、これが現実的で良いマインドだと思っています。海外駐在がある会社で海外駐在に行けない可能性はありますが、転勤なしの会社で転勤させられることはありません。戦略立案ができる部隊がある会社でその部隊に配属されない可能性はありますが、副業OKな会社で副業がNGになることはありません。成果主義で四半期に1回昇格タイミングがある会社で2年間昇格できない可能性はありますが、フルリモートの企業でリモートワークができないことはありません。

私は転職後に大きなGAPが生まれてしまうことの大きな原因は、企業やエージェントの甘い言葉に釣られ、不確実性の高い魅力的なベネフィットに飛びついてしまうからだと思っています。彼らも嘘は言ってませんからね。勝手に転職者が自分はそのベネフィットを手にすることができると思い込んでいるだけです。ですので、転職先を決める際は、その企業に転職したら何が確実に手に入るものなのかを意識したほうがいいのかなと思います。

まとめ

最後に本気のアドバイスですが、一番大事なことは「現実から目を背けないこと」だと思っています。

自分の幸せとは何か？

家族の幸せとは何か？

それは実現できているのか？

そういった現実を直視して、理想を描くことから転職活動は始まると思っています。

我々は働くために生きているのではありませんから。

Work to live, don't live to work.

（生きるために働きなさい。働くために生きてはいけない）

皆さんの転職活動が上手くいき、自分や家族の理想とする生活に近づくことを祈っています。

Vol.2

新聞社 ⬇ IT企業

マイクロマネジメントに疲弊 アラサーで覚悟の選択

中尉・30代前半

「俺たちの転職物語」副編集長の中尉です。

私は数年前まで新聞社で記者をしていました。今は報道現場から離れ、IT企業で仕事をしています（執筆当時）。アラサーパパです。

マスコミは極めて特殊な業界ですが、転職を決断した当時抱えていた葛藤や悩み、そしてそれらを乗り越えたマインドは、根底では業界に限らず通じる普遍的な部分が多くあると感じています。

仕事の中に生活があった新人時代

幼少期から書くことが好きで、小学生のときに地域の作文コンクールで何度か受賞するような少年でした。大学ではジャーナリズムを専攻し、就活は記者職以外に興味が全くなかったので、報道業界一本に絞りました。テレビや新聞などの記者職は基本的に採用人数は多くても数十人程度で、職種としては一応狭き門とされています。まわりからは全部落ちたらどうするんだとか、念のため他の業界も見ておいたほうがいいのではという声もありましたが、なんとか無事、古巣を含め数社から内定をいただきました。

ご存じのようにマスコミ、とりわけ新聞業界は斜陽と言われて久しいザ・衰退産業です。バイト先の先輩に内定を報告すると、「お前、新聞記者なんてやめとけよ」とか言われたりもしました。

まあ、そりゃそうでしょう。当時から世間のイメージはそんなもんだったのです。

さて、念願の報道業界に足を踏み入れたわけですが、仕事は想像通り激務で、業界内では「新人に人権なんてない」という言葉がありましたが、実際そんな感じでした。

休みが潰れるわ、深夜早朝に突発的な取材が入るわ、夜中に電話が鳴るわで、とにかく毎日必死です。

大きな事件や災害が起きれば、シャワーだけ浴びに帰宅する日が続くなんてこともザラにあり、「仕事の中に生活がある」という感覚でした。取材がなくとも、基本的に平日は毎晩のように先輩や上司とともに夜の街に繰り出し、酒がそこまで強くない私も深夜まで浴びるように飲んでいました。

今でこそパワハラ・セクハラになるからとかで部下を安易に誘えないような空気感が業界全体にはありますが、当時は「俺の酒が飲めねぇのか」と言わんばかりに3、4軒連れ回す50代のデスク（次長級）もいました。そういう古き良き時代の記者生活を体感した最後の世代だと思います。

お会計は上司が全て出してくれるし、新人の頃はまわりの人に恵まれていたのであまり苦ではなかったですが、帰宅は基本日付を跨いでからで、体力的には常にカツカツでした。ただ、激務を想定して入った世界だったので、多忙を理由に辞めたいという気持ちには一度もなりませんでした。フラフラになって深夜帰宅することが多かったですが、翌朝へロヘロで現場に向かっているのがむしろ記者っぽくてかっこいいなとすら当時は思って楽しんでいました。

若手の頃に気づいたこと

2年目以降も仕事のハードさは相変わらずでした。ちょうどその頃、広告業界の過労死問題を機に業界全体で働き方改革の機運が高まっていた時期でした。

2年目の春、日夜政治家や関係者を取材でまわり、気づけば1か月の時間外労働が150時間を超えていました。

私は働いた分を馬鹿正直にそのまま勤務表に記入して月末に申請していたのですが、ある日、部長から怒りの電話がかかってきました。

「中尉、おいお前、時間外どうなってるんだ！ なんでこんなに仕事してるんだよ！」

いやあなたたちが働かせてるからでしょ、というツッコミが喉仏まで来ていましたが、ここは一旦グッと堪えました。

あとで知りましたが、私よりも働いていた直属の上司は75時間を超える分はサービス残業にしていました。つまり勤務表上では、私は上司の倍以上働いていることになっていたのです。

本来であれば上司が部下の勤務表を確認し、〝調整〟してから申請する流れになっていたそうですが、上司もほぼ家に帰れないぐらい忙しかったため、勤怠の管理が疎かになっていたのです。

若く血気盛んだった私は「なんで働いた分の残業代を申請しちゃダメなの？」とまあ至極真っ当な考えで部長の差し戻しを突っぱね、そのまま勤務表を申請してしまうと、後日、産業医との面談が勝手に設定されていました。

この出来事を機に、社会人2年目にして、社会では正論が正解とは限らないのだと悟りました。そして「いざというときに会社は助けてくれない」ということも理解しました。

ちょうど同時期、同業の知人が亡くなるという出来事がありました。

直近の月の時間外労働が150時間だったと聞いて、もしかしたら自分もそうなっていたかもしれない、実は紙一重で生きているのかもしれないと思いました。

彼が亡くなった背景は想像でしか語れませんが、私が勤務している時期に、この一件以外にも亡くなった記者は同業他社を含めて数人いました。それだけ体に鞭打ってやるような仕事だったということでしょう。

記者って一般的に見れば高給で、特にテレビは華やかなイメージがありますが、日々の仕事は極めて泥臭く、たとえば何十時間も外に立ち続け、何日も早朝から深夜まで取材を重ねても、結局一行も記事にならなかったなんてことだってあるわけです。仕事に人生を捧げる覚悟がある程度求められる職種だと思います。

20代後半に差し掛かると、現場ではある程度自由に自分がやりたい取材もさせてもらえるようになりました。国内外を飛び回り、一面に載るような大きな記事も任され、記者という仕事自体に一定のやりがいを感じてはいました。

ただ、同時に10年後、20年後もこのペースで働いているイメージはまったくわきません。

このままいけばどこかでぶっ倒れるだろうなと思っていました。

働き方改革のおかげで若手の業務量は改善されましたが、一方で40～50代の中間管理職にしわ寄せが及んでいました。そうやって日々の業務に忙殺され、疲弊して死んだような目で深夜まで仕事をしている上司の姿を見ていると、素直に「俺はこうはなりたくない」と感じるようにもなっていきました。

古き良き時代を知る年配の方々から見れば「甘えるな」と感じるかもしれませんが、時代は移ろい、同じような気持ちで悩んでいた同期や部下は当時たくさんいました。

人生の軸として、仕事に対してどこまで犠牲を払えるだろうか。

私生活では結婚をしました。独身であれば、給料はある程度もらえていましたし、どんなに忙しくても、何時に帰宅しようがなんとでもなります。ただ家庭を持ったとき、自分の身になにかあれば、それはもう自分だけの問題ではなくなります。

人生の中で、仕事と向き合うスタンスをどう考えれば良いだろうか。疑問を感じつつ惰性でやり過ごしてもよいものか、もしくは身動きが取れなくなる前に身の振り方を真剣に考えるべきなのだろうか。

そんなことが頭の片隅をぐるぐると駆け巡りつつも、日々の仕事に忙殺されて特に何もアクションは起こせず、無情にも淡々と日々は過ぎていきました。

マイクロマネジメントで疲弊

アラサーにさしかかった頃、私のキャリアは大きく動いていくことになります。特集記事などを担当するチームに所属することになりました。特集記事は主に一面に掲載する連載企画などで、これまで社内外でいくつか賞をもらっており、しかも私はチーム内で最年少の抜擢です。悪くない人事だな、と思いました。

ただ、厄介だったのがこの特集自体、社長肝煎りで立ち上がった点でした。目立つ仕事ゆえに上層部のマイクロマネジメント[*3]を極めて真正面から受けることが多く、原稿の構成や細かい内容について、〝天の声〟が降ってきます。

新聞の特集は、基本的に掲載数日前には紙面に掲載できる形に組み上げられ、社内の〝偉い人〟たちの目を通り、問題なければ晴れて紙面に掲載され読者に届くという段取りです。一連の段取りで、取材もしていない〝偉い人〟たちから様々な指摘・注文を受けることは、業界全体で見ても決して珍しいことではありません。ただ、その頻度や内容があまりにも異常でした。

また、本来こうした上層部のマイクロマネジメントから我々現場を守る役目がある取材班のデスクが機能していなかったことも大きな痛手となりました。掲載の前々日に記事の構成を根本から差し替えさせられ、またある時は同僚記者と書き上げた原稿が、掲載日まで決まっていたにもかかわらず、〝偉い人〟の独断で没になり、デスクが「すまん、俺の力じゃどうにもならん」と平謝りしてきたこともありました。

デスクは紙面編集の責任者で、記者と上層部の緩衝材的な役割も担う中間管理職です。上層部からは玉石混交な注文が降ってくる中、「あ、この注文は無理だな」と感じたらうまく突っぱねてくれるデスクもいますが、自身の評価のために上役の顔色に過度な忖度をするデスクもいます。

「こんな状態ならデスクがいる意味がないだろ」とキレたくなる気持ちが喉まで来ていましたが、デスクもデスクで上層部の操り人形状態で、現場との板挟みになっていることもわかっていたので、どんなに理不尽な状況になろうが彼らには期待できないと踏んで、怒りをぶつけることはしませんでした。

同じ取材班の女性記者は、この異常なトップダウン体制でうつ病になり、欠員によってさらにチームは追い込まれていきました。

＊3　管理職や上司が、部下の仕事を細かくチェック・管理するなど、過度に干渉してしまうマネジメント方法

「そういうもんなんだ」

極めて縦割りで官僚的な組織ゆえに思うように動けず、書きたい記事が書けず、書きたくない記事を書かされ、納得のいかない指示に従わされ、自分でも納得がいかない指示をまわりにしないといけない場面が多くなりました。日々悶々と仕事を続けていくなかで、次第にこの会社でこれから何十年と働いていくイメージがより一層できなくなりました。

ある日、担当デスクの1人とサシで飲む機会がありました。

「いまの状況はおかしいですよ。自分たちが取材したことが全く反映されないなんて、報道機関として異常です。我々は一体どこを向いて仕事しているんですか」

酒も入った勢いで私は思いの丈をぶつけました。

「いや、中尉の考えもわかる。けどな、組織の一員である以上、上の言うことは聞かないといけない。俺たちは記者である前にサラリーマンなんだ」

デスクは至って冷静な口調で語りかけてきました。説得をしようという気配すら感じました。そして最後、畳み掛けるように言いました。

「いいか、そういうもんなんだ。お前もキャップとかデスクになればわかる」

なるほど、そういうものなのか。いつかこの異常な体質を異常ではないと感じるようになるのか……。

新聞社はトップダウン体質が色濃く残る古い日本企業、いわゆるＪＴＣです。当時はあまりの異常さに社内異動も考えましたが、結局どこへ行っても上にいるお偉いさんは同じような人たちなのだろうという諦めもあり、動くなら会社を出るしかないと考え始めました。

逃げてもいい

理不尽な状況に直面したとき、選択肢はざっくりと二つあると思っています。

耐えるか、逃げるか。

耐えることが一番波風立たず、穏便でしょう。ただ、人間とは「そういうものだから」と自我を殺して生きていくと、次第に感覚が麻痺していき、いつしかおかしいことをおかしいとすら感じられなくなるものです。

最悪なのは、そういう人が上層部に組み込まれたとき、自分が苦しめられてきた理不尽な文化を下にも受け入れるよう無意識に押し付けるようになります。こうして歴史は繰り返されてきました。

一方で、逃げるのは体力を使うし、リスクもあります。「あいつは逃げた」と後ろ指をさされ、新たな環境を探す必要があり、さらに選択を間違えれば状況が悪化することさえあり得ます。

ただ、自分の力でまだ見ぬ新たな未来を切り拓くこともできる唯一の選択肢でもあります。

そもそも、「逃げる」は悪でしょうか?

いま自分が置かれている環境にしがみつくことは必ずしも正解ではありません。根性や世間体を踏まえるとそれが正しいように見えることもありますが、それはあくまで短期的な話で、人生を長期視点で捉えたとき、そこまで単純ではないように感じます。

会社や同僚、上司、家族、友人など、まわりのことを考えてしまうと視点がブレて本質を見誤ります。大事なのは「あなたはどうしたいのか」。

当時、そう感じさせる大きなきっかけがありました。それは、私が心から尊敬していた上司が病気で亡くなったことでした。その人の言うことに従っておけば間違いないという圧倒的な信頼もあったので、「この人のためなら、身を粉にしても働ける」と思えた、数少ない上司でした。仕事で思い詰めているときも、いつかまたあの人のもとで働こうと奮い立たせ、なんとか頑張ってきた部分もありました。でも、もうそれが叶わないと感じたとき、目指すゴールがなくなったような喪失感に襲われました。

このとき、誰かを拠り所にするのは持続可能な生き方ではなく、自分の人生を生きないといけないと感じました。より自分本位で、自分が思うまま正直に生きようと考え、新たな環境に身を置く選択肢が徐々に現実味をおびてきました。

転職活動

夏ごろから転職サイトに登録したり、転職経験のある友人と話したりし、仕事が落ち着いた秋以降に転職活動を本格化しました。

転職未経験者あるあるかもしれませんが、当初は転職には消極的でした。これまでの経験を活かしつつ、いまの環境を変えたいという堅い意志はあったものの、不安は尽きません。

新たな職場には慣れるだろうか、年収は下がらないだろうか、まわりはどんな反応をするだろうか、職場に迷惑はかからないだろうか……。ちょうど長男が生まれて間もない時期だったこともあり、より不安は増幅されました。

転職活動自体は、思っていたよりもスムーズに進みました。転職サイトやエージェントを利用しつつ、最終的には外資系IT企業とメガベンチャーの2社から内定をもらいました。即戦力を前提とする転職市場において、そもそも記者経験者を求めている職種が少ないため、正直かなりラッキーだったと思います。

選考中はとにかく内定をもらうために必死でしたが、いざ内定を二つ手中におさめ、転職がリアルな選択肢になると、期待とともに「さて、どうしようか」と多少の迷いも生じました。

新卒で入った新聞社は業界内でいえばいわゆる〝大手〟で社会的なステータスや信用は高いです。住宅ローンは絶対通るし、硬派なイメージで、勤務先を言うだけで特に年配の方のウケは良かった印象があります。新聞が衰退産業とは言え、少なくとも私が現役の間に潰れることはないでしょう。仕事に対する熱が冷めたとしても、吹っ切ってとりあえずのうのうと窓際に定年まで勤め続けておけば、急激に経営が悪化しない限り年収1、000万円以上は約束されていますし、そこそこの退職金も用意されています。実際、50歳を過ぎて年間数本しか記事を書かない「働かないおじさん」はたくさんいました。

そして何より、転職をすれば記者という職業をあっさり手放すことも事実です。仕事は好きでしたし、やりがいも感じていました。大きな出来事が起きたとき、現場に立ったときの「最前線にいる」感覚は忘れられません。
このときは、これまで生きてきた中で自分の人生について一番考えた瞬間だったと思います。

決断の夜

内定が出たのは1月下旬で、2社とも4月入社前提だったので時間はあまり残されていませんでした。企業からの内定連絡はともに同じ日の夕方で、しかも金曜日。週明けは2月になるので、仕事の引継ぎや有休消化の期間を逆算すると、その日のうちに決断を下す必要がありました。

スマホで上司の連絡先を出しました。電話番号を押そうと思いつつ、私は逡巡していました。

辞めること自体に迷いはなかったものの、まずどう説明すれば納得してもらえるだろうか。止められたときに、どういう説明をすればわかってもらえるだろうか。

当時はコロナ禍の真っ只中で、その日はリモートワークで自宅にいました。冬の日の入りは早く、近所の公園でスマホ片手にベンチで考え込んでいると、あっという間にあたりは真っ暗になっていました。

結論を出すときだ。

私は上司ではなく、仲の良かったとある元上司に電話しました。

異動後も何かとお世話になっていた方だったので、退職にあたっての報告という体ではなく、普通に社内で一番最初にその人に伝えたいという思いでかけました。記者らしく、ワンコールで繋がります。2年ぶりの連絡にもかかわらず、「おぅ、どした？」と相変わらずの距離感が安心させます。

「実は3月末をもって退職しようと考えています」とストレートに伝えました。数秒の沈黙のあと、元上司は吐息まじりに「そうか……」と漏らしました。

あとから知りましたが、取材班が組織として完全に破綻していることはすでにこの元上司の耳にも入っていて、私のことも心配していたということでした。そのため、私から退職の意向を伝えられたとき、「案の定」と思ったそうです。

これまで苦しんだことや転職活動の経緯、内定をもらっていることなど自分の思いを話すと、元上司は同情しつつも、「個人的にはもう一度お前と仕事がしたかった。でも、お前はうちみたいな会社にいるより、外に出て伸び伸びとやったほうがいい」と言葉をかけてくれたことが大きな励みになりました。この「もう一度お前と仕事がしたかった」という言葉を言われたとき、社交辞令だったかもしれませんが、退職までの期間で唯一、心が揺れました。

大学を4年で卒業し、新卒で大企業に入り歩んできた私にとって、転職は敷かれたレールから自ら降りるような感覚がありました。自分で望んでおきながら、最初の転職は誰にとっても怖さはあるものだと思います。

転職の決断について、最後に背中を押してくれたのはほかでもない家族であり妻でした。私は仕事の話をほぼ家ではせず、性格上、悩みなどがあっても基本的に家族を含め人に相談することはあまりしないタイプです。転職活動についても、最終面接の前日まで選考を受けていることすら妻には伝えていませんでした。ただ察しの良い妻は少し話すと全てを理解した様子で、「あなたの好きなようにしなさい」とだけ言ってくれたのは大きかったです。自分が何か言ったところで、頑固な夫の意思が変わらないという半ば諦めのような思いもあったかもしれませんが。妻には一つだけ、「でも給料が下がるなら相談してね」と強く釘を刺されました……。年収はアップで決着したので、なんとか家庭は穏便なままキャリアをステップアップできたことが幸運でした。

同期の言葉

退職前の有休消化中に仲の良かった同期10人が、恵比寿の小洒落たバーを貸し切って送別会を開いてくれました。

古巣は〝古い会社〟です。退職にあたり一部の年配の上司から「お前は逃げるのか」「絶対後悔するぞ」などと心ない言葉も浴びました。同期の中でも私の転職を快く思っていない人はいるだろうか。そんな思いとは裏腹に、店に入ると全員が「頑張れよ」と温かく迎えてくれてホッとしました。

転職という決断に迷いは一切ありませんでした。ただ、記者という仕事を手放すことには、正直少し寂しさのようなものがあったことは事実です。

そんなことを正直に話していると、ある同期が「別にいいんだよ、また記者になりたかったら、戻ってくればいいだけだよ。戻ってきちゃダメなルールなんてないだろ」と言葉をかけてくれて、まあそうだよな、と少しだけ救われた気持ちになりました。

「うちの上層部は転職者への理解がないような古い会社だから戻りにくいかもしれないけど、同業他社でまた記者になればいいじゃんか。一度外の世界を見た人の価値観とかって、古くて停滞したこの業界ではめちゃくちゃ求められていると思うぞ」

酒も入った勢いで同期が熱く語ってくれて、気づいたら2人とも泣いていました。結局、私の転職は会社の体質や構造的な部分がきっかけになりましたが、この会社に新卒で入って、こういうアツい同期を持てたことは本当に良かったと、最後の最後で感じることができました。

その後、数人の同期が転職をして様々な業界で新たな道を歩んでいますが、今も定期的に会って近況報告をするなど、ありがたいことに良好な関係が続いています。

180度変わった日々

新聞からＩＴの世界へ移り、毎日取材にいく生活から、フルリモートで自室のＰＣと向き合う180度違う仕事になりました。上司から呼び捨てで呼ばれ、電話が鳴りまくるような生活から、年次関係なく「さん」づけで敬語の丁寧なコミュニケーションになり、社内のやりとりはチャットかZoomになりました。

大きな変化で最初は戸惑いましたが、職場には記者出身の転職者もおり、そういった方々のサポートもあって比較的早く環境に慣れることができました。

同僚の経歴は様々で、テレビや広告、通信、商社など多種多様な業界から入ってきており、中には高卒でいくつかの企業を経てうちに入ってきた人もいました。経歴問わず、本当に優秀かつ人格者がたくさんいます。

通勤という概念とも無縁となり、朝早く起きてジムでひと汗かいて、シャワーを浴び、家族と朝食を食べ、夏は短パンTシャツ、冬はパーカーやスウェットに着替えて自室で仕事を始めます。面倒な身支度はないですし、スーツも着ない、革靴を履かないことがここまで楽なのかと感激しました。仕事が大変でも、日々の生活の中で他にストレスを感じる要素がグッと減り、なんとも「人間らしい生活」ができていると感じます。正直、これだけでも転職した価値があると思っています。

伝えたい「行動」の大切さ

私の場合、縁あって比較的スピーディーに転職先が決まりました。タイミングや運も大きな要素だったように思います。感じたことはいくつかありますが、総じて言えることは「行動することの大切さ」。これは人生すべてにおいて言える普遍的な要素です。

転職に限らず、仕事、恋愛、スポーツ——。あのとき転職していれば、あのとき取材していれば、あのときあれを買っていたら、あのときあの子に告白していたら……。

行動しないと、現状を超えることはできません。たられればを潰していくのが人生の醍醐味です。散々転職にビビっていた私が、転職活動を通じて得られると思ったことは左記の三つです。

- 今より良い条件の仕事に巡り会える（かも）
- 仮に良い条件の仕事に巡り会えなくても、自分の市場価値を知ることができる
- 他の仕事と比較することで、今の環境が実はすごく恵まれているという気づきにつながる（かも）

いずれにしてもプラスです。

転職をしたことで、自分が学生時代や就職活動で必死に頑張った努力や新卒大手企業勤務のステータス、入社後に勝ち取った地位や社内評価などの〝サンクコスト[*4]〟の呪縛から

＊4　ある経済行為に対して、すでに支払ってしまい、もう取り返すことのできない費用、労力、時間などのこと。埋没費用ともいう

逃れることができました。

純粋に家族や自分の生活、キャリアと向き合えるようになり、精神的にとても健康な状態になれたと思います。

一方で、失ったものも当然あります。それは、社名を出せばスポーツ選手から経営者、一国の首相まで誰にでも会えるという報道記者の特権。そして、長い伝統と社会的信頼を持つ媒体で書くことができなくなったということです。

転職後、副業で新興のビジネスメディアから業務委託を受けてライターをやっていた時期がありました。そこで感じたのは、所属元の影響力の大きさです。取材を申し込んで、露骨に「どちら様ですか」という態度を取られて、場合によっては取材すら断られます。前職では組織の看板に守られながら記者をしていたのだとひしひしと感じました。

ライターをやるには自分の力で這い上がっていくしかないと思い、副業としてXのアカウント名「中尉」でフリーライターとして活動するに至りました。肩書も何もなかった私がこうやってライターをやっているのも、転職活動を通じて行動することの大切さを知ったからです。

転職から3年半、いま思うこと

転職をして早くも3年半が経ちました（執筆時点）。

振り返ると、総じて良い決断ができたと心底思っています。

一つは、家族との時間が増えたこと。前職時代は多忙だったこともあり、結婚後も家族とゆっくり時間を共にする機会は少なく、仕事が常に生活の中心にありました。現在は、仕事はあくまで生活の一部であって、人生の軸に家族があるという感覚です。

また、転職を経験したことで自分自身に自信がついたことも事実です。転職活動は、あなたという「個」で勝負する必要があります。中途採用は即戦力候補なので、いくら立派な企業に勤めていても「あなたには何ができるのか」が企業に伝わらなければ採用されません。自分の価値＝市場価値がはっきりと突きつけられる、極めてシビアなものです。

私の場合、記者というかなり特殊かつ潰しが効きにくい職種にいたにもかかわらず、他業界の大企業2社から内定をもらえたことは、言うまでもなく大きな自信につながりました。

そして無事入社し、最初はとにかく評価してもらうためにがむしゃらに仕事を覚え、そここそこ評価され、2年目からはマネージャーとしてプロジェクトを統括する立場になりました。

新聞社は評価基準が形骸化していましたが、現職は個々の成果に応じて定量・定性の両面でフェアに評価をされます。期待値の高さに追い詰められることはありますが、自分の成長を実感しやすく、充実した日々を過ごせています。いまの会社に入ってから3年間、スキルや経験の棚卸しを目的に、定期的に職務経歴書のアップデートをしています。仕事内容や職場環境に特段の不満はありませんが、継続的に転職活動は続けており、魅力的なオファーがあれば面接を受けることもあります。

家庭では子供たちが成長をして、以前と比べて若干余裕が出始めたので、どこかのタイミングで出社メインの会社に転職をし、より仕事へのコミットを増やしたいという思いも芽生えています。

近い将来、次のステップアップを決断するつもりです。こうやってライフステージに応じて働き方の最適解を自力で追求しようというマインドになったのも、一度転職で成功体験を得られたからだと思います。

転職未経験の頃は「辞める怖さ」がありましたが、今はむしろ人生の可能性を広げるカジュアルな選択肢ぐらいに捉えています。

30代に入り、私の周りでは転職活動をする人が増えています。実際に転職した人、転職活動はしたけど転職は結局しなかった人など様々ですが、皆口々に「転職活動をやっておいて良かった」と言います。

何事も人間、変化に怖さを感じるものです。変わらないほうが楽かもしれません。でも、一歩踏み出せば見える景色は確実にガラッと変わります。勇気を出した人だけが味わえる世界というのが確実にあります。

私の経験が、皆さんの背中をポンと軽く後押しするきっかけになれば本望です。

COLUMN

3年間のフルリモート生活で感じたこと

本書の登場人物は、新卒で日系の大企業に入り、結婚などのライフステージの変化を機に転職し、リモートワークという働き方を選んでいる人が多くいます。リモートワークとは在宅勤務のことで、英語圏ではWork From Home（ワークフロムホーム）ともいいます。また、基本的に出社せず毎日リモートワークの勤務形態をフルリモートと呼びます。

私・中尉は新聞社からIT企業に転職をし、毎日出社からフルリモートの生活に変わりました。編集長の歩兵も、総合商社からコンサルティングファームへと転職をし、一時期はリモートワークがメインの働き方でした。コロナ禍の影響もあると思いますが、私たちのまわりを見てもここ数年でリモートワークの仕事に転職をした人は結構います。

今回は、フルリモート生活を3年以上続けた私が感じたことをありのままに書いてみました。あくまで個人の経験に基づいた感想という点を踏まえていただけると幸いです。

“ゼロ通勤”の真価

リモートワークの大きなメリットは、通勤が一切発生しないことです。自宅が職場になるわけですから当然です。

ちなみに皆さんは、通勤時間中はなにをされますか？ 読書、ネットサーフィン、SNS、YouTube、映画やドラマの視聴、睡眠……。色々あると思いますが、特に大都市圏では朝のラッシュ時は満員電車だと思うので、できることは極めて限られています。

東京では平均的な通勤時間は往復1時間半ほどと言われています。着替えや身支度など準備に30分程度必要だと仮定すると、計2時間です。それだけの時間が浮けば、1日にこなせることが一つや二つ容易に増えるでしょう。

私は転職直後にこの浮いた時間を使い、副業に挑戦しました。会社が副業を推奨していたこともあり、記者時代のツテでまずビジネスメディアで業務委託として編集・ライターの仕事を半年ほど引き受けました。毎朝始業前の2時間、フレッシュな頭でサクサク作業を進めます。そこからシームレスに本業が始まるので、脳がフル稼働した状態で入れます。

その後、本業が忙しくなったため業務委託の契約は終了し、自分のペースで副業を続けられるようにメディア運営に舵を切りました。この経験が紆余曲折を経てnote「俺たちの転職物語」へと繋がっていきます。

通勤がないことのメリットは、時間だけではありません。転職した当初に感じたのは、日々の疲労感が全く違うということです。私は仕事が終わった後も体力があり余っていたので、夕食を食べて、子どもの寝かしつけを終えてから近所のジムに毎日通っていました。次男が生まれ、仕事では中間管理職になってからは公私共に自由に使える時間が激減しましたが、それでも週3回のトレーニングは続けられるぐらい心身とも余裕はあります。

職場の同僚も、通勤で浮いた時間と体力を有効活用しています。たとえば長野県に住む元番組制作会社の先輩は、冬はスキー、夏はトレランを楽しんでから出勤しています。千葉県の九十九里に住む元広告代理店の同期は、早朝からサーフィンを楽しみ、趣味の畑仕事に精を出してから働いています。日中は仕事をして、それ以外の時間は好きなことを思い切り楽しむという振り切ったマインドを持てることがゼロ通勤の真価です。

見えた欠点

フルリモートのおかげでメリハリある充実した暮らしが手に入り、当初は「こんな素晴らしい働き方があるのか」と目から鱗でしたが、やはり3年も続けているとメリット・デメリットがはっきりと見えてきます。

メリットはやはり通勤がないことから派生した健全なワークライフバランスの実現に尽きるでしょう。また、物理的に職場の人間と毎日顔を合わせる必要がないので、「仕事は仕事、家庭は家庭」などと適度な距離感を保ちながらメリハリを持って仕事に取り組めます。公私にわたってガッツリ人と関わり仕事を進めたいという人にとっては物足りなさがあるかもしれませんが、私の場合は前職が良くも悪くもウエットな職場だったので、多少ドライな関係性ぐらいがちょうど良かったです。年齢が近い人とは飲み会やゴルフで仲良くなりましたが、基本的には仕事とプライベートをしっかり線引きしている人が多い印象です。

多くのメリットがあるフルリモートですが、じゃあ毎日自宅でＰＣの画面を見ながら仕事する働き方が文句なしの正解なのかと問われると、私はそうでもない気がしています。一言でフルリモートといっても企業によって勤務形態は様々で、生活スタイルや価値観によって感じ方には個人差があると思いますが、少なくともフルリモートはかなり人を選ぶ働き方だと3年やってみて実感します。

「息が詰まる」

私が転職して2年目の頃、同僚が毎日出社の仕事に転職していきました。辞める前、彼は私と飲みながら「この働き方は一見楽だけど、息が詰まるよね」と漏らしました。いまとなっては、この言葉の意味するところがよくわかります。

人間は物理的に人と会い、適度なコミュニケーションをとることで健全な精神状態を保つ生き物だと思っています。フルリモートだと、能動的に人に会おうとしない限り、家族や近所の人など最低限のコミュニティの中で生活することになります。独身であれば、人と全く接することなく数日過ごすことも可能でしょう。Zoomなどで職場の人と話すといっても、オンラインのコミュニケーションにはやはり限界がある印象です。

仕事の進め方がわからない新人が誰にも悩みを打ち明けられず、塞ぎ込んで休職したということもありました。周りのサポート体制の問題だと片付けてしまえば簡単ですが、フルリモートの同業他社でも同様の問題が生じていると聞きます。社員個人のコミュニケーション能力が求められるのはもちろんのこと、上司と部下がともに同じ方向を向いて業務の進捗や課題感の認識などを逐一共有する必要があります。また、対面と比べてどうしても業務の過程が見えにくいため、成果のみで定量的に評価される傾向があります。フェアでわかりやすい一方で、社員個人の成果が定量的に出にくい職種の場合、評価基準はフルリモートならではの独特の難しさがあると感じます。

私はマネージャーになり、業務の進捗やメンバーの管理をするために週2、3日出社するようになり、そこで職場の人とのちょっとした雑談の大切さを痛感しました。実際、出社してはじめて聞けた話もありましたし、部下からは「込み入った話はオンラインではしにくいからありがたい」「直接話せて良かった」などといった声もありました。出社したことで普段関わりのない人と知り合う〝偶然の出会い〟もあり、そういったことが新たな仕事や人脈の広がりにも繋がりました。

退職した同僚が言う「息が詰まる」とは、物理的に人と会えないことで、無意識のうちに行き場のない不安や不満などを溜め込んでしまうという意味だったのでしょう。

無論、無理に出社を強要するものではありませんが、溜め込んだものをしっかり吐き出す場を作ることが、フルリモートで健全さを保つには不可欠だと思います。

管理職が出社する意味

企業によって多少の違いはあると思いますが、弊社の場合、多くの中間管理職が自主的な判断で定期的に出社をしています。関係者と物理的な対話を通して進捗管理や根回しなどをしているところを見ると、マネジメントの面でも極めて難易度の高い働き方だと実感します。

たとえば、私の部長は静岡県に住んでいますがほぼ毎日出社をしています。幸い新幹線通勤が許可されている弊社なので、ゆったり座って通勤できるという意味では近郊から満員電車で通うよりは多少楽かもしれませんが、そもそもフルリモートの会社なので当然出社しないほうが本望でしょう。以前、「なんで毎日来ているんですか？」と無邪気に聞いたところ、部長は「まあ大変だけど、来て直接オフィスで人と話したほうが楽なんだよね」と言っていました。

あくまで一例ですが、チャットコミュニケーションがメインなので、対面で喋れば5秒で確認できることが場合によっては数時間も待たないといけないことがあります。そこまで親しくない人や、役職が上の人への連絡は文章の言い回しにも気を遣わざるを得ません。要は「めんどくさい」ということです。

私の前職はいまだに電話がバンバンかかってくるような職場だったので、転職当時ZoomとSlackで仕事が完結する様子を目の当たりにして「物理的なコミュニケーションなんて古い」と思っていました。実際、そういったツールによって世の中が便利になりましたし、いまさら対面のコミュニケーションを推進すべきとも毛頭思っていません。使えるものはどんどん活用すべきです。ただ、役職が上がって関わる人が多くなり、業務の進め方もより複雑になり、認識の共有やスピード感の重要性が増してくると、一定の割合で物理的なコミュニケーションがないと成り立たないと感じるようになりました。

ほぼ出社せずにマネジメントをこなす優秀な人はいます。このあたりは能力値やメンバーとの相性、業務の難易度など複合的な要因が背景にあるかもしれませんし、繰り返しますが業種や職種によって事情は千差万別です。いずれにしてもフルリモートが一長一短なのは間違いありません。個人的には、定期的に出社をしながらリモートワークを基本とするハイブリッドワークが理想の働き方だと感じています。

自分に合った働き方を見つけよう

出社とフルリモートという相反する働き方を経験しました。それぞれのメリット・デメリットを実感した上で思うことは、自分に合った働き方を見出すことの大切さです。どちらも良い面と悪い面があり、合う人と合わない人がいます。

本書に登場する多くの人が出社からリモートワークベースの企業に転職をしていますが、それはあくまで一人生の一部分を切り取って描いているに過ぎません。それぞれの選択を踏まえ、学び、その上で新たな選択を取るのが人間です。出社してオフィスで対話しながら仕事を進めることがやりやすい人もいれば、自宅から出ずに黙々とモニターと向き合いながら仕事をこなすやり方が合っている人もいます。

似たような話で、昨今Xでは日系大企業を揶揄するＪＴＣという言葉が横行しています。私の古巣もＪＴＣの類なのでそういった企業が抱える構造的な課題を認識しており、まわりでもＪＴＣから外資などへ転職する人は多くいます。他方、本書9章の哲二さんのように、徹底的に自己分析をし、様々な経験を経て、ベンチャーからＪＴＣへと転職するような、ある種トレンドと逆行した選択をとる人もいます。

どんな企業でも、どんな働き方でも、当然ながら良い面と悪い面が共存しています。人にはそれぞれ自分に合った働き方があって、大切なのはあなたに合った企業、あなたに合った働き方は何なのか、ということをしっかり理解することです。その答えは、実際に行動し、経験を積み重ねてみないと辿り着けないでしょう。

Vol. 3

大手機械メーカー⬇外資系メーカー

転勤という呪縛からの解放

高木・30代半ば

大学卒業後、新卒入社した大手機械メーカーで7年間過ごし、今は転職して外資系メーカーに勤めています。

前職時代、私の転勤によって妻がキャリアを断念せざるを得ない状況になり、そこで自分のキャリアや人生と向き合ったことが、転職のきっかけとなりました。

初めての転勤で〝違和感〟

新人で独身の頃はどちらかというと転勤ウェルカムという感じでした。知らない街に住むのは楽しそうだし、借り上げ社宅なので家賃もかからないのはいいなあととてもポジティブに捉えていました。

そんな僕が初めて転勤に「？」を感じたのは2年目のとき。東京から関西への転勤を言い渡されたときでした。時期的に、転勤の内示が出ること自体は既定路線でした。

その夜、彼女に転勤の旨をLINEで伝えました。「遠距離になるね」「私が大阪に行くから」「いや俺が東京に行く」。そんな初々しいやりとりをしていたのも束の間、その週末、唐突に彼女から近所のカフェに呼び出されました。

開口一番、「やっぱり遠距離は想像できない」と言われ、戸惑いました。一瞬、「これは新手の結婚したいアピールか」と思いましたが、ただならぬ雰囲気に冷静にそんなわけないと思い直しました。

「高木くんはこれから各地に転勤して、いずれは海外に行くと思う。それは素晴らしいことだと思うけど、私は転勤がないから、もしついて行くなら仕事を辞めるしかない。でも今は仕事を辞める気にはなれない」

そもそも転勤というメーカー勤務では避けられない事象を「想像できない」と断言されてしまうと、もう別れるか転職しか選択肢はありません。俺に転勤があることなんて最初から知ってたやろとか言いたいことはたくさんありましたが、すぐに転職するわけにもいかない（そんな気もない）し、結局紆余曲折を経て、数日後にその彼女とは別れました。

悲しかったけど、そんなことより何かスッキリしませんでした。性格や価値観という「自分」の原因ならまだ受け入れる余地はあるものの、もし彼女の言うことを信じるなら原因は転勤の一点でした。じゃあ転勤がなかったらそのまま付き合えたのか。

転勤って、そんなに悪なのか。

もしかしたら、転勤をする側ではなく、される側にしか見えないものがあるのではないか。これが、僕が「転勤」という制度に対し初めて疑問を抱いた出来事でした。

2度目の理不尽な転勤辞令

関西の支社にいた4年目の秋、僕は当時付き合っていた彼女と入籍をしました。そして翌年秋ごろに妊娠が発覚。仕事もプライベートも怖いぐらい順調でした。

僕はこの頃、子供が生まれることを見越して転勤は当分見送りたいと直属の上長に伝えていました。金融業界に勤めていた妻は大阪にある支社におり、育休後に復帰する気満々でした。

妻の会社は、配偶者の転勤という理由であれば東名阪の転勤は可能な人事制度を導入していたので、僕は仮に転勤が必要であってもこの3都市に限定してほしいと会社に伝えていました。もちろん人事とは必ずしも要望が通るものではないですが、比較的希望が通りやすい社風だったと当時は感じていました。

しかし、人事はやはり無慈悲でした。ある日、部長に呼び出されたときのこと。

「来春から、北米ね」

「え、北米ですか？　4月から？」

あまりにも青天の霹靂すぎて、瞬時に様々なことが頭をよぎりました。真っ先に思ったのは、子供が生まれる予定日が4月ということ。

「(俺、立ち会えないじゃん……) さすがになんとかならんですかね」

ダメもとで交渉を試みましたが、どうやら前任者が退職することになり、急遽決まった人事のため、もう何を言ってもどうにもならんようでした。

その夜、妻に転勤の内示を告げると「よかったじゃん！　エリートだね」と喜んでくれました。

「しばらくは離れ離れだけど、こっちのことは任せて」

そうは言っていたものの、本心では子供の生まれる瞬間に夫が立ち会えないという事実は残念に思っていたのだろうと想像します。こうして僕は、後ろ髪をひかれる思いで日本を離れ、単身で渡米することとなりました。

ちなみに、やはり出産に立ち会うことはできませんでした。一生取り返すことのできない「我が子の誕生」という瞬間を逃してしまった虚しさと悔しさは死ぬまで忘れることはできないと思います。

妻の「就活」で芽生えた疑問

子供が生まれて約半年後、ビザなど諸々の手続きを終えて無事、妻子共にこっちにくることができました。

実はここに至るまでの経緯を話す必要があります。

まず妻は、育休取得中に会社を辞めました。理由は夫の駐在に同行するため。まあ、仕方ないですよね。仕方ないとは思いましたが、やっぱりモヤモヤは残ります。

正直、稼ぎ面は駐在で手当てなども出るので1馬力で問題ありません。もちろんダブルインカムに越したことはないですが、子供が小さいうちは一緒にいてほしいというのが僕の考えでもあったので、特に不満はありませんでした。

そんなことより、妻が仕事にやりがいを感じていて、続けたかったことを知っていたのです。

ただ、駐在期間は3年。そこまで長い期間を休職することは不可能なので、それこそ2

拠点で生活するか、退職するかしか選択肢がなかったのです。

妻は旧帝大の出身でした。それだけの学歴を武器として持っていて、キャリアや将来やりたいことを念頭に20代は動いていたのに、子育てと夫の転勤一つでこんなにも脆くライフプランが崩れるものなのかと、理不尽にすら感じ、自責の念に駆られていました。

僕は正直、妻に仕事を続けて欲しかったです。夫の自分が言うのもアレですが、ポテンシャルはあると思っていましたし、何より仕事を続けてどういうキャリアを歩みたいかという理想像を持った人でした。そしてキャリアが途絶えて無職期間があると再就職が難しくなることも知っていました。ただ、2人でいろんな可能性を模索しましたが、子供が小さいのに海外での単身赴任生活は非現実的。やはり退職して同行する以外に道はなかったのです。

突然の駐在期間延長

「高木、あと2年そっちで頑張ってくれ」

駐在丸3年まで半年に迫ったある日、唐突に東京本社の部長から電話で告げられました。

駐在生活は当初、それなりに刺激的で出張も多くやりがいを感じていましたが、慣れてくるとルーティン業務が多く、中には誰が何のためにやっているのかわからないレポート業務や分析業務が多い事に気づき、次第にモチベーションが低くなっていました。

目的が明確でない東京からの出張者のアテンドの対応など面倒な業務にも嫌気が差してきましたし、駐在員としては若手だからと色々な行事に引っ張り出されて、定時外の拘束時間も長くてしんどかったです。

赴任前に部長からは「3年で戻す」と言われており、「3年の我慢」と思ってやり過ごしていたので、軽々しく言われた「あと2年そっちで頑張ってくれ」の言葉には怒りを覚えました。いきなり開始したり、いきなり終了したり延長したりする。これが日本の転勤制度です。これは世界的に見ても本当に異常です。

現地スタッフに「任期が2年延びたよ」と伝えたら、「お前は日本に帰りたいって言ってたから相当なプロモーションがあったんだろ？　いくらもらったんだ？」と真顔で聞かれました。もちろん0円です。

昇格も昇進も何も特別なことはありません。それが転勤制度のある会社では普通だからです。妻もなんとかこっちでの生活に慣れ、他の駐在者家族などと仲良くやっていましたが、やはり日中はやることがなく「暇だし仕事したい」「でももう仕事できる脳みそじゃないかもしれないわ」などと冗談半分に呟くこともありました。駐在期間の延長を伝えると

「私、なんかそんな気がしてたんだよね」と苦笑していました。

その頃、妻はプチ転職活動を始めていました。転職活動というか、新しく仕事を始めるのでもはや就職活動ですね。

ただ、海外にいながら在宅勤務が可能な仕事という極めて狭い条件だったので、やはりこれはなかなかうまくいきません。調べていくとビザ関係の手続きもかなりハードルが高く、駐妻で働くというのは現実的に厳しいとわかりました。

この時期は、夫婦それぞれフラストレーションをため込んでいました。

決断

ある日、仕事から帰宅してニュースアプリを開くと、ビズリーチの広告が目に入りました。多忙な日々と理不尽な駐在期間の宣告を受けた直後、気づけば衝動的に広告をクリックし、ビズリーチに登録をしていました。その日は何かに取り憑かれたかのように、深夜まで職務経歴やこれまでの実績を日本語と英語のレジュメにまとめる作業を進めました。

転職の軸は大きく二つ。

・これまでの仕事の経験を生かせる職種
・転勤がない職種

その後にリクナビにも登録しました。英語のレジュメも作成していたので、JACとランスタッドにも登録しました。ちょうど東京本社での会議の予定があり、一時帰国したついでに複数のエージェントと会って喋る機会も作りました。

そんな感じで転職活動を進めていると、次第に転職がとても現実的なものに感じられてきて、「なんか転職いける気がするな」と思えるようになってきました。僕の場合、エージェント経由で企業にレジュメを提出。結局5社受けて、最初に内定をもらった外資系メーカーに決めました。転職サイトへの登録→内定までだいたい3か月で終えました。

そして渡米して丸3年が迫ったある日の夜、東京に電話をし退職する旨を伝えました。海外にいながら、転職活動が完結するなんて不思議な気持ちでしたが、これでようやく今の仕事から離れられると思うとにかく心が晴れやかになる思いでした。

会社からは色々言われたし、様々なオプションも提示されましたが、僕は「転勤」が嫌だったので「何をやるか？」とか「どの部署がいいか？」とかはもはや関係なかったです。

とにかく、家族の幸福度や人生の満足度を最大化するには「転勤」は受け入れられないことだったのです。

夫婦でフルリモート生活

転職後は家族と帰国をし、いまは地元・神奈川県藤沢市に住んでいます。基本的に在宅ワークがメインなので、出社は月に数回程度です。

妻はその後、転職活動を続け、なんと無事、メガベンチャーの企画職に採用されました。キャリアが途絶えながらもよく受かったなと思いますし、これも僕があのまま駐在生活を続けていたら叶わなかったことだろうなと感じています。

夫婦共にフルリモートで通勤もないので、子供が熱を出したときは仕事を調整しながら交代で面倒をみたりと、うまくやりくりができています。

お互い、昔は出社する仕事をしていたので、平日昼間に子供は保育園に預け、夫婦2人とも自宅の別の部屋で仕事をしているという現状はもう隔世の感があります。

私が考える転勤のメリデメ

国内転勤も海外転勤も経験しました。ここは人によって意見は様々あると承知の上で言いますが、家庭がある場合、転勤はデメリットしかないというのが僕の私見です。

特に子供がいると、仕事以外で考えないといけないこと、やらないといけないことがとてつもなく多くなります。

たとえば生活面。どこで買い物をしたらいい？　評判の良い病院は？　レストランは？　幼稚園は？　安心して遊べる地域は？　家族がいればその分、気を遣うところが多くなり、地味に労力がかかります。

また、転勤族は交友関係が築きにくいです。特に可哀想なのは子供たち。せっかくできた友達と別れたり、赴任したら都度新たな環境に慣れる必要があります。海外だと、残念ながらいまだに人種差別のような扱いを受けることもあります。

これも経験だと割り切る人もいるかもしれませんが、僕はできるだけ不要なストレスをかけずに子供を育てたい考えでした。

そして何より、妻のキャリアが断絶されることが大きなデメリットだと思います。いまでは配偶者の転勤に合わせて拠点を変える配慮をしてくれる会社もあると聞きます。

ただ、定員の都合もあって必ず叶えられるわけではないですし、海外への帯同だとその制度も使えません。

僕の友人には、転勤のたびに妻に転職をしてもらい、最終的には海外転勤の際に退職してもらった人がいました。このように、転勤が多いと配偶者のキャリアを棒に振らざるを得ないケースは多々あると思います。

仕方ない側面は感じつつも、配偶者の都合で片方がキャリアを諦めるって、なんていうか〝古い〟ですよね。昭和的というか、正直もうそんな時代じゃないと思います。

子供を育て、家族の時間を作りながら、夫婦ともにキャリアを築いていく人生の実現は令和では十分可能ですし、そうあるべきです。

もちろん捉え方次第でメリットもあるかもしれません。たとえば危険地域への単身赴任。手当は大きいですし、使う機会も少ないので駐在期間を「耐え」と踏んで割り切って考える方法もあります。こういう考えで、実際に耐えて職務を全うし、東京で良い生活を送っている同期もいます。

ただ、こればっかりは考え方次第ですし、僕個人としては家庭がある場合、デメリットが大きく先行してしまっている気がします。

配偶者とよく話し合って、家族としての幸福度・満足度を最大化するために選択すべきは何なのかをしっかりと本音ベースで話し合うことが大事だと思います。

そう、手遅れになる前に……。

Vol. 4

専門商社⬇中小企業問屋

管理職で挫折「プレーヤーで生きる」という新たな選択

野村・30代半ば

中間管理職の皆さん、「自分はマネジメントに向いていない」と感じた経験はありますか。一般的な日本の企業では、年次が上になるにつれて管理職になることが求められ、プレーヤーで生き続けるという道はあまりないと思います。

私は専門商社に7年間勤務（海外駐在3年含む）した後、転職して同業界の中小企業問屋で営業として働いております、野村と申します。今回は、私が中間管理職時代に「もう無理だ」とギブアップし、方向転換してプレーヤーとして生き続けることを選択したときの葛藤や転職活動の振り返り、比較的小さな企業に転職した後のGAPなどを書きました。

世の中には「管理職になりたくない若手社員」が増えているとよく聞きます。正直、私はそれで全然いいと思ってます。やりたくないことにはそれ相応の理由や背景があります。自分にとって管理職になることのデメリットのほうが多いのであれば、管理職にならずに自分の強みを生かせる道を歩んでいけるような社会になるべきだと感じます。

無難な学生時代

私は地元に近い都立高校からMARCHに進みました。大学では必修科目だけをケアして、残りは楽に単位を取れる授業だけを狙って履修を組み、ほぼ勉強せずにサークル活動やバイトに明け暮れていた学生でした。

要領はいいほうだったので遊びながらも特に単位を落とすこともなく、無難な大学生活を送っていました。就職活動ではサークルの主要メンバー8人で協力し合い、お互いにエントリーシートを添削し合い、面接練習もたくさんして、全員が「サークル代表」の肩書を持って就職活動にのぞみました(笑)。

TOEICだけはなんとかしようと鬼のように勉強して高得点をとっていたこともあり、就職活動は意外と上手くいきました。目指していた総合商社にこそ行けませんでしたが、専門商社の中では志望度が高かった会社から内定をもらうことができました。人生の大きな峠を無事に越えられたことに安堵し、大学4年生になるとこれまで以上にはっちゃけて遊んでいました。こんな私が社会人になれるのだろうかと心配になりましたが、内定式→入社式→研修と一歩一歩社会人に近づいていく中で「もう学生じゃないんだ」という自覚が芽生え、研修が終わって部署に配属される頃には結構モチベーションの高い新人になっていました。

入社、そして海外へ

入社してすぐにどの部署に行きたいかのヒアリングがありました。部署と言っても業界の中の商材で分かれているだけなので正直どの部署でもよかったのですが、キツイと噂のあった部署だけは綺麗に避けてヒアリングシートを提出しました。

無事にゆるそうな名前の部署に配属となり、私の社会人生活がスタートしました。OJT[*5]の先輩もとても優しく、上長も凄く自分のことを気にかけてくれ、チームに恵まれた私は何の問題もなく最初の半年程を過ごしました。ところがある日、急に上長に呼ばれ「ちょっと部長と話をしてくれ」と言われました。

＊5　On the Job Training（オンザジョブトレーニング）の略で、職場の上司や先輩が、部下や後輩に対して、実際の仕事を通じて指導し、知識、技術などを身に付けさせる教育方法のこと

恐る恐る部長の席に行くと、海外に長期出張に行って欲しいと伝えられました。期間は約3か月。選任理由はすぐに動ける人間の中でTOEICの点数が一番高かったからとのことでした。私は海外経験がほとんどなく、ただ就活で有利になるからとひたすらに公式問題集を解き、通学中はずっとTOEICのリスニングを聞き続け、1年程かけてTOEIC900点超えを達成しただけ。ほぼ海外童貞でした。もちろん英語は全く喋れません。

しかし、期待されたことが嬉しくて二つ返事で承諾し、翌月から3か月の長期出張に出ました。場所はタイ。3か月間のホテル暮らしという商社マンっぽい響きに酔いつつ、「ちょっと3か月タイに行くことになったので、飲み会とか参加できません」と、誘われてもいないのにドヤ顔で色んなLINEグループにコピペで打ちまくったのを今でも覚えています(笑)。

ところが、いざ長期出張が始まると早朝から物流工場に出勤し、昼から夜まではオフィスに缶詰状態、アフター6では取引先との接待や取引先の出張者(自社ですらない)のアテンド業務、休日は慣れないゴルフばかりで本気で辛かったです。英会話もまともにできない中、めちゃくちゃに訛っているタイ人の英語を聞き取ることは不可能で、もはや「Don't think, feel」の精神で彼らが伝えたいことを感じ取る毎日が続いていました。

まぁそれは半分冗談で、現場レベルではなくオフィスにいる同僚のタイ人やシンガポールや中国、韓国から来た人は、聞き取りやすい英語を話していたので徐々に英会話スキルは上がっていきました。いつ休めているのかもわからない生活でしたが、なんとか若さと気合いと勢いで乗り切り、トラブルばかりの3か月の長期出張を終える頃には根拠のない自信がついていいました。

結果を残し続ける

英語ができる人が少なかったことと、現地に3か月いたために色々なコネクションを持てたことがキッカケで帰国後、部署内では結構重宝される存在になりました。いま考えればただ面倒な仕事を押し付けられていただけな気がしなくもないですが、出張の機会があれば積極的に手を上げ、現場に行って学ぶとともにできるだけ多くの関係者と会って顔を売ることに努めました。

「若手で元気で話を合わせられる」という理由でよく接待にも連れていかれていました。比較的馬鹿をやることは得意で嫌いでもなかったので、夜の接待ではお客さんたちの会話に話を合わせつつも、必要なタイミングでピエロになることに徹しました。急に一発芸を振られても大丈夫なように、ひまな時間にYouTubeを見て一発芸の練習をしていると、「俺は何をしているんだろう……」と思うこともありましたが、実際に振られることも多かったので、必死に練習をして結果を残せるように努力しました。何度もスベってもう慣れてきた頃には「それでは乾杯の前に一発芸をさせていただきます」と、振られてもいないのに一発芸をするという強メンタルになっていました。

古い業界で年配の方が取引先に多かったこともあり、頑張っている若手のウケが良かったのか、仕事でもかなり好意的に接してくれるお客さんが多かったです。お客様を訪問する気まずさや鬱陶しさのようなものはほとんどなく、知り合いのおじさんたちに会いに行く感覚で積極的にお客さん回りをして「何か困りごとや変化はないですか？」と聞き続け、ヒアリングした情報を纏めて解決策を提示し続けました。強みや独自性がそこまで出せない商材を扱っていたため、このお客様の困りごとや業界の変化点をいち早く察知し、プロアクティブに対策を打っていくことこそがシェアを拡大するキーだと考えていました。

ですので、定時時間内は客先を回り続け、定時時間後に集めた情報を纏めて、それに対する提案を考えて数日後にお客さんにプレゼンをしに行き、FB（フィードバック）をもらってまた考えてプレゼンしに行くような毎日が2年程続きました。

そこまで大きな業界でもないので、「元気な若手がいる」みたいな感じでだんだんと業界の人に認知されるようになり、出張先でも「おぉ、君が野村くんか！」と言ってくれる人もいて、それがまた嬉しくてモチベーションになり、より一層頑張りました。

初めての海外駐在

そんな感じで日々奮闘しながら迎えた3年目の冬、私は上司に呼ばれてタイ駐在を拝命しました。正直、当時の状況からするとタイ駐在以外考えられなかったので心の準備もできており、周りの同期や先輩よりも早く海外駐在に行けることが嬉しくてたまりませんでした。

出張ベースで何度も現地法人やお客さんを訪問していたので、人間関係を新たに構築する必要もなく、仕事もある程度理解していたのでスムーズに駐在生活が始まりました。豪華なコンドミニアム住まいで専属の運転手付き、日本では考えられない生活にテンションとモチベーションがとてつもなく上がりました。

朝早く夜遅い日々が続いて大変ではありましたが、日本でやっていた提案営業のスタイルをタイでもなんとか維持することができていました。新規開拓も任されるようになり、新規訪問リストを作ってみたり、自社の強みを分析してPRシートを作ってみたり、色々頭と体を使いながら充実した日々を過ごしていたらあっという間に1年が過ぎました。

初めてのマネジメント

2年目になると、そこまで大きくないですが新規のプロジェクトも任され、初めて現地社員の部下もついたことで、より一層モチベーション高く仕事をこなしていました。

当初は営業5割、プロジェクト5割くらいの割合で仕事を進めていましたが、だんだんとプロジェクトのほうが忙しくなってきて、メンバーの退職対応や採用対応（実務はやらないが人事部とのやり取りが面倒）、労働管理やタスク管理に時間がかかるようになり、徐々に営業に時間をさけなくなっていました。

自分は営業が好きだったし、営業で成績を上げてきたので、プロジェクトのメンバーを管理しながら営業をするのは非常に億劫に感じました。実際にメンバーのタスク管理に時間を割くと、営業に出られる回数も減るし、営業で得た情報を整理して打ち手を立案するまでの時間と余裕がなくなり、お客さんに対しての提案数が激減しました。普通の人なら「管理職になったのだから仕方がない」と思えるかもしれませんが、私にはどうしてもそう思うことができませんでした。

メンバーを管理し、プロジェクトを推進しながらも心のどこかでは「営業がしたい！」

と熱い気持ちを持っていました。

帰国、そして管理職へ

プロジェクトが本格化すると、もはや私の仕事はプロジェクト管理が10割くらいになっていました。もともとプロジェクトでアサインされていた人口があまりにも少なく、自分を含むメンバーにかなりの負荷がかかっており、辞める人が続出しました。

プロジェクトを管理しきれない悔しさと、なんでこんな仕事をしなければいけないんだろうという気持ちで押しつぶされそうになりながら、プロジェクトをなんとか立ち上げ、立ち上がったプロジェクトを軌道に乗せることに日々全力投球していました。そのプロジェクトが上手く回るようになり、ぼちぼち営業活動を再開し始めた頃に私は帰任の内示をもらいました。

帰任の挨拶回りでお客さんたちに「お！ 久しぶり！」と声をかけられるのが非常に苦しかったです。帰任前には昇格試験があり、評価が良かったこともあって無事にパスしてめでたく中間管理職になることとなりました。周りよりも早く管理職になれたのは素直に嬉しかったですが、プロジェクトでの管理職経験を思い出し、喜びのすぐ後には大きな不安が押し寄せてきました。

マネジメントへの苦手意識が強かったので、忙しい中でも時間を見つけて管理職におススメとネットで評判の本をたくさん読んで勉強をしました。e-Learningのマネジメント研修を何周もして、来たるべき本格的なマネジメント業務に備えました。

そんな中で帰任をし、4月から中間管理職として元部署に戻ることになりました。

不安と不満

管理職になり、早速思うところがたくさんありました。

まずは「お金」の面の話。残業代が出なくなったことで、残業をたくさんしても残業代で給料が増えなくなり、一つ下の職位でフルで残業している後輩とほとんど給料は変わりませんでした。いま考えれば家賃補助がなくなった分でむしろ負けていた可能性すらあります。残業をしなければコスパいいじゃんと思う方もいると思いますが、管理職なのでグループのメンバーで対処しきれないような問題には自分が積極的に入っていかなければなりませんし、誰かがミスをして1人で取り返せない場合はフォローしなければなりません。

何より管理職はその組織の業績に応じて賞与が決まり、賞与のポーションが比較的大きいので、組織のパフォーマンスが落ちないように細かいサポートや、時にはほぼ徹夜で部下の代わりに作業をすることもありました。

また、懇親会やグループでの飲み会では部下におごる立場になり出費も増えました。交際費の管理も年々厳しくなっている中、2軒目、3軒目は交際費など使えるはずもなく、ほぼ自腹を切って部下たちの分もお金を払っていたので、連休前や忘年会シーズンは本当にきつかったです。仕事面では、相変わらず営業がしたいのに部下の管理や必要性を1ミリも感じないレポートや報告業務に追われて中々外出の機会を増やすことができず、昔お仕事をしたことがあるお客さん以外には名前を憶えてもらうこともできず悶々とした日々を過ごしていました。

部下の管理に関しては、何か問題があったり新しい課題が生まれたりしたときには本来手厚く指導をして、彼らに手足を動かしてもらって学ばせなければいけませんが、時間がなかったり自分が教えるのが面倒だったりして、結局「自分で手を動かしたほうが早い」と代わりにやってしまうことが多かったです。自分の得意な営業で部下を指導するときは、部下が何も考えずに営業してるのが許せなくて詰めてしまうことが多々あり、上手くコミュニケーションが取れずに部下との関係が悪くなってしまうこともありました。

営業のスタイルにもこだわりが強かったので、部下にもその通りに動いて欲しいと思いながらも、そのこだわりを教えてしまったら自分の営業マンとしてのノウハウを取られてしまうのではないか？　と考えてしまい、結局彼らのやり方を尊重しつつ、「そのやり方だから成果が上がらないんじゃないか？」と部下をやんわり詰めるクソみたいな管理職でした。こんな感じでずっとグダグダで、自分は本当に管理職に向いていないし、1人で営業をずっとやっていたいと心の底から思っていました。

取引先からの誘い

管理職のやりがいなど1ミリも感じられないまま、行き場のない思いに押しつぶされそうになる毎日を過ごしていました。

そんな中、久々に工業会の集まりがあり、新人時代からお世話になっているお客さん達と会食の機会がありました。久々に会ったお客さんたちと美味しいお酒を飲んでいたら、皆さん酔っぱらってきて「野村くん最近全然うち来てくれないけど偉くなったよなー！」とイジりが始まりました。

私は「すいません！　飲みます！」と最初は楽しく対応していましたが、酔いが回ってきてだんだんと本音で愚痴をこぼしていました。

本気で皆さんのところに頻繁に行けないのが申し訳ないこと、営業をしたいのに部下の管理やしりぬぐいで毎日ストレスが溜まってしんどいこと、管理職なんて今すぐ辞めて営業に戻りたいと思っていること、全て吐き出しました。

12時を回ってそろそろ解散する流れになってきたとき、昔からお世話になっている取引先の一つである老舗の社長から「野村くん、今日はもう1軒行こうよ」と初めてお誘いをいただきました。誘われるがままに静かな雰囲気のショットバーに行き、飲み物を頼んで乾杯した後、開口一番で「うちに来ないか？」と伝えられました。

私は酔っていたこともあり心の中で「前回営業で部下が訪問したのいつだっけか？」と素っ頓狂なことを考えて回答に困っていました。

すると「まぁ、うちみたいな中小の問屋に来るのは嫌かもしれんが、お金は出すし、ずっと野村くんは営業をしてもらって構わない」と言われ、そこで初めて自分が取引先に誘われていることに気づきました。

その企業には実際に前職の専門商社からも、長い歴史の中で4、5人ほどOBが行っていましたが、皆50を過ぎて役職定年したくらいでいいポジションを提案されて転職していたので、私のようなアラサーにそんな話が来るとは思ってもいませんでした。私は「ちょっと検討させて下さい」とその場では回答できず、1時間ほど雑談をしてその日は帰宅しました。1時間の雑談の中で社長に言われた言葉が今でも頭に残っています。

「大企業に向かない人間はいるし、管理職に向かない人間もいる。私の社会人人生はたかが40年ほどだが、その経験から勝手なことを言わせてもらうと、野村くんはどっちも向いてないと思うよ」

この言葉がどうしても頭から離れず、悶々としたまま仕事を続けていました。相変わらずマネジメント業務で忙しく、その社長にも訪問できずに2週間ほど経った頃、社長からちょっと仕事終わりに会えないかと連絡がありました。

固めた決意

待ち合わせ場所に指定された高級ホテルのバーに行くと、そこで具体的な条件を頂きました。

1 現状の給料＋αでお金は出す
2 車は社用車として支給＋車通勤もＯＫ
3 営業職としてずっと営業をしていい

4 管理職になりたければ営業部長にして営業からは離さない

実際、この老舗の問屋は長い歴史と資金力がありながらも、社員の高齢化と歴史ある既存事業以外の新規顧客の開拓や新規ビジネスの創出に困っているのは知っていました。

冷静に考えてみると、この会社で集中して営業をやらせてもらえるのはすごくやりがいもあって楽しそうだし、ありがたい条件も頂いたのでこれはもう行くしかないと思い、「行きたいので、会社に相談させてください」とその日は回答をしました。

退職

翌週の月曜日、朝礼の後に部長にその話をしました。かなり驚いた様子でしたが「お昼に話す時間が欲しい」と言われ、昼まで待ちました。

何も仕事が手につかず、時間が驚くほど長く感じました。12時になった瞬間に会議室に行き、再度、取引先の問屋に転職したいことを伝えました。

そして、管理職になってからずっと部下の管理業務ばかりで苦しいし、営業もできなくてストレスが溜まっていると伝えました。部長は「お前の言っていることはわかるが、普通は出世したら管理職になるし、管理職なのにずっと営業をしていたらいくら成果を出しても部下が育たない。管理職級の給与で営業をやるポジションなんて前例がないので作れない」と言いました。

これからの出世コースの話や、もっと上の管理職になったら経費が使えるようになるとか、色々言われましたが、私の悩みの解決には全くつながらないメリットかつ、なんでも「前例がない」で片づける姿勢に嫌気が差し、その場で退職を告げました。

有給休暇が1か月分ほど余っていたので、引継ぎを終えてから1か月間はゆっくり過ごしました。読みたかった本を読んだり、同期や同級生と飲みに行ったり、つかの間のお休みを謳歌し、最終日に会社で挨拶回りをし、新卒で入った会社を退職しました。

転職活動を振り返る

私の場合は、転職サイトに登録をして、レジュメを登録して、エージェントと話して、といった通常のプロセスではないので振り返ると本当に一瞬の出来事で、辛かったとか楽しかったとかはないです。

ただ、通常のルートではない分比較対象もおらず、転職先も中小企業だったので転職してもいいのかとても悩みました。決断をすることができた大きな理由は「もしここがダメでも今の時代どうにかなるし、自分の長所を活かしたいし伸ばしたい」と考えられたことでした。

日本の企業が続々とメンバーシップ型[*6]からジョブ型[*7]に移行している中、自分も前職の企業で得意でもないし嫌いなマネジメントをやり続け、疲弊するだけでスキルがつかないよりも、自分が得意な「営業」のスキルを伸ばした方が良いと腹落ちできたことが大きかったです。ですので、転職を考えている方には「今の会社にいて、ジョブ型雇用でも通用するようなスキルがつくのか？」とか「転職したら自分の強みをもっと伸ばして自分の武器にできるのではないか？」とか、将来的な企業の雇用体系の変化にも着目して進む道を考えたほうがいいと思います。

ＵＳＪを立て直した『苦しかったときの話をしようか』を書いた森岡毅さんは自分の強みを理解することの大切さを左記のように話しています。

＊6　新卒で社員を総合職として一括採用し、業務内容や勤務地を限定せずに雇用契約を結ぶ仕組み
＊7　職務などを限定して採用する雇用の方法

- 弱みが強みになったのを見たことがない
- その人のプラスの影響は強みからしか出ていない

メンバーシップ型が崩壊に向かうこれからの時代、「長所を伸ばす」ということが将来食いっぱぐれないための大きなポイントになってくると思います。広範囲の知識や経験を持つ「ジェネラリスト」が求められる時代から、特定の専門分野に深い知見を持つ「スペシャリスト」が求められる時代になりつつある今、ジョブ型雇用の世の中でも通用する武器があるかどうか、真剣に考えるべきタイミングだと思っています。

転職後のＧＡＰ

中小企業が故のデメリットみたいなものは、転職後に感じたことはありません。強いていえばローンを組むときの信用力や、誰かに会社の話をしたときに認知されなくて悲しいことくらいですかね。婚活とかで自分の会社を伝えたときに反応が薄いのは素直に悲しいですね（笑）。会社の看板の力が弱い分、本当にロジカルで相手に響くような提案営業ができなければ成果が上がらないのはデメリットとも捉えられますが、自分のスキルアップや成長に繫がると考え私はポジティブに捉えています。

メリットはかなり良い待遇を頂いていること（給料だけでなく、社用車の付与や経費を使えること等）と、大企業のように前例にとらわれずに自由に仕事ができる点だと思います。後は、これは人によってはデメリットになると思いますが社員同士の距離が近く、仲間意識が強いことですかね。社員旅行があったり、皆でゴルフに行ったり釣りに行ったりと、楽しく過ごせています。

何より、自分が得意でやりたかった「営業」に本当に集中させていただいているので、毎日凄く楽しくやりがいのある仕事ができているのが一番のメリットだと感じています。

私からお伝えしたいことをまとめると3点あります。

- 自分の強みを伸ばすようなキャリア形成をしてください
- 自分がしっかり努力をしても成果が出なければその道はキッパリあきらめてください
- これまでの努力が水の泡になるとか考えずに、ゼロベースで自分の人生を歩んでください

私の経験が、少しでも読者の参考になれば幸いです。

Vol. 5

大手メーカー ⬇ 外資系コンサルティングファーム

私が伝えたいキャリアの「選択」

くまくりん・30代半ば

私は2012年、株式会社リコーに新卒入社しました。そして16年秋に転職を決意し、17年のGW明けから現在の会社（外資系コンサルティング企業）にいます。

早速ですが、日本では新卒採用、年功序列のメンバーシップ型が主流です。SNSの台頭とともにその「JTCのぬるさ」が露呈していますが、同時にこの雇用形態だからこそ、ボトムアップ型で均一に成長できたことが我が国の強みだとも思っています。一方で、ダイバーシティが叫ばれる中、多様な価値観が出てきていることも事実です。

私は、メンバーシップ型からジョブ型職種へとキャリアチェンジし、外資系コンサルティング企業へと転職しました。生存バイアスもありますが、これまで感じていた日本企業での「変えられない」フラストレーションの多くは、現職で本部長となった今、解消しています。

この章は左記のような方にぜひ読んでもらいたいと思っています。

- 自分のキャリアへの漠然とした不安・自社に対する構造的な問題・日本社会の慣習などに対する課題を感じている人
- 前述のような課題感に対して、自分で当事者意識を持ちながら課題解決をしていきたいと考えている人

選択肢は常に開かれています。そして「どの選択肢が正解」ということはありません。「自分が選んだ選択を正解にすること」が重要であり、それを可能にすることは「正しい努力」です。

学生時代

大学生の頃はサークルとバイトに明け暮れ、いわゆる「量産型」の文系学生という感じでした。恐らくもともとコミュニケーション能力は高いほうだったこともあり、先輩や後輩など年齢にかかわらずいろいろなレイヤーの人と仲が良かったと思います。

仲の良い先輩の多くがメーカーに就職していました。その流れで自分も「気質が合うなら同じ業界が良いのではないか」と、安易な気持ちから就活ではメーカー中心に見ていました。また、バイトの仲の良い先輩がゼロックスに内定をもらっており、その話を聞いて同じ業界を受けました。

新卒での就職活動をしていた2011年3月、東日本大震災が発生しました。

震災の影響で、多くの企業が面接の開始日を当初解禁日とされていた4月から6月に遅らせました。その中で、リコーは遅らせることなく4月から面接を解禁したのです。

ただ予定通り解禁しただけではなく、これまで準備していた人へ配慮をしつつ、東北で被災した人やその他影響を受けた人は選考を遅らせるなどの緊急措置をとっており、もともとの志望度の高さに加えて好感度が上がりました。4月に入ってすぐに内定をもらったこともあり、入社を決めました。

就活中はずっと営業職だと思っていましたが、入社してから「マーケティングスペシャリスト」の職種枠だったのに気づきました。

刺激を多く受けた新人時代

同期とも仲良くやれて、新人研修なども楽しく過ごせました。当時、会社が「イノベーション」を推進しており、そのような研修を多く受けていました。

メーカーということで理系の院卒の同期も多いため、自分にはない考え方を持っている人も多く、刺激を受けました。現在の仕事ではメーカー向けのコンサルをすることも増えていますが、理系の方も多く、今でも当時の感覚が非常に生きていると感じます。

集合研修のあと、国内営業に配属され、販売会社へと出向しました。同期には「営業は嫌だ」と考えている人も多かったのですが、私はもともと営業志向が強かったです。

その背景としては、自身の特性を考えたときに、人と働きながら広い知見を得ること、その知見を活用しながら仕事をつくることが強みになりうると、就職活動を通じて感じていたからです。自分の特性を活かせる最たる職種が営業であることは、なんとなく理解していました。

さて、昨今コンサルティングファームへの人気が新卒・中途を問わず高まっています。好業績や採用の多さもさることながら、求職サイドの潜在的なニーズとして、「営業職以外で門戸の広い職種」という側面もある気がしています。

特に文系においては、法学・会計などの専門職や人事などバックオフィスの職以外の主要な職種は営業だったと思います。一方で、コンサルが大量採用を始めたことで、「もともと専門知識がない中で専門家（風）になれる職」が生まれたことは多くの人のキャリアの選択肢を広げたように思えます。

私自身はその後、マーケティングとしてのキャリアを歩みますが、「数字を作る」思考は営業でないと作れなかったと思います。

当時から配属面談があるたびに、「なんでもいいですが一番忙しい部門に入れてください」と言っていました。それが考慮されたかわかりませんが、配属後、大手営業で（ある程度）責任のある仕事を新卒から任せていただきました。

苦労しながらも、自分の強みを活かせた若手時代

営業での最初の2年間は、営業として短期で数字を作り貢献することと、マーケティング採用の営業出向の立場としての目的意識は忘れないようにしていました。

3年目からはプロダクトマーケティングに異動になり、海外経験もなくTOEICの点数も当時確か700点前後くらいでしたが「英語できます風」を装っていたら海外担当になりました。

最初はマーケティングのお作法・設計開発など「理系脳」の人と会話するのに苦労しま

した。普通に英語は全くわからないので、基本、全部苦労していました。

ただ、「なぜか海外の要人に好かれる」という強みを持っていたので、仕事をする上での信頼関係は非常に強かったと思います。

抱き始めた疑問

海外マーケティングで2~3年した頃から段々仕事にも慣れてきて、たいていのことはできるようになりました。

それは、昨今のホワイトJTCから逸脱するイケイケ事業部で、朝7時から夜23時まで働き続けるハードワークのたまものでもありました。当時はまだ独身だし、その分残業代も出るので、働く分にはフラストレーションはありませんでした。

ただし、だんだん自分が成長するにつれて、「担当レベルの自分の権限が及ばない構造的な課題」や、「仕事ができるようになっていき、たとえ先輩であってもだんだんベンチマークとする存在が減ってくる」ことへの漠然とした疑問はありました。

転職のきっかけとなった米国出張

海外マーケティングで3年目、自分のプロダクトが発売の佳境を迎え、一番大きな市場であるアメリカのニュージャージー州に3か月ほど長期出張をしました。もともと、「メーカーにいるからには海外駐在を」という考えがあり、徐々に駐在にいく同期や先輩の姿、噂で聞く待遇面から憧れは高まっていきました。

また順調に成果を上げている自負もあったので、「憧れよりも近い未来」の感覚もありました。

この長期出張の際、現地の駐在員にもよくしてもらいましたが、みな「自分が時限性で駐在に来ており、将来いつ帰されるかわからない」ことに対して不安を持っているようでした。

自分が成長するにつれて、活躍や成長の機会を海外に求めていたものの、「たとえ駐在したとしてもその後のキャリアを自分でコントロールできない」ことへの課題をふつふつと感じていました。

長期出張の終盤に、現地のアメリカ人ＶＰ（統括本部長または事業部長）に呼ばれて会話をしました。気難しいことで有名でしたが、なぜか昔から気に入られている感があり、このときに改めて「Somehow, personally I like you（何となくだが、個人的には君が好きだ）」と言われたのを今でも覚えています。

私はもともと英語能力がすごいわけでもなく、海外経験が豊富であったわけでもありませんが、このとき改めて「自分はやれるんじゃないか」という自信を持ちました。

その夜、みんなで飲みに行った帰りに夜風に当たろうとハドソン川に向かい、マンハッタンの夜景をぼーっと眺めていました。そのとき、ふと「転職しよう」と思い立ったのです。

転職への葛藤

当時はプロダクトのローンチが最優先だったため、帰国後まずは最後の大仕事に取り掛かりました。残件もすぐに片付き、自分の気持ちに向き合おうと、各転職サイトに申し込みました。

このとき、とくに悩みはありませんでした。これまでのスキルやそこから来る自信がただの「思い込み」であれば、それを知れるいい機会だと思いましたし、もしあまりいいオファーがなければ、迷いなく自社内でのキャリア形成にフォーカスできると考えたためです。

それまで「駐在」という、待遇も良いし、海外経験の少ない自分には将来的なキャリア形成が行えるイベントがすぐそばに来ている状況で、それを途中で投げ出してしまうのはどうなんだろうというのが唯一の葛藤でした。

ちなみに、日系JTCで現地駐在している友達の待遇や現地の暮らしぶりを聞いていると、「残って駐在のチャンス狙えばよかったかな」とか思うこともあります（笑）。

「サンクコスト」との向き合い方

私の場合、特にサンクコストについては考えませんでした。

新卒で入社し、「育ててもらった」感覚があり、投資を受けてきたものを会社に還元するまでは辞めてはいけない、という考えは持っていました。

ただ、自分の仕事の成果でそのリターンは十分に返せている自負があったため、特に負い目もありませんでした。

むしろ、成果を出す裏にある「頑張った」というプロセスに関してはどこでも活きると思っていましたし、転職した今でも当時の努力とそれにより身に付いた知識は活かされています。

転職活動中のマインドセット

そもそもとして、構造的な課題に対してのフラストレーションがあったことが転職のきっかけでした。特に若いうちは成果でなく仕事時間と給料が比例する構造、つまり残業代で年収が決まる構造に違和感がありました。

また、「大きな仕事をしたい」という思いもあり、そのためには偉くなるしかないと考えていました。

これらを加味すると、ＪＴＣへの転職は「ないな」と感じていました。ＪＴＣに行くぐらいなら、自社に残れば良い話なので。

そのため裁量労働制の気質が強い、外資系と年俸制のベンチャーを中心に受けていました。業界は決めていませんでしたが、職種の軸は強みであるマーケティング×営業知識の組み合わせを狙っていました。

キャリアの連続性でいうと、これまでもBtoB[*8]領域の営業・マーケティングに携わってきたのでその軸で考えていました。これであれば領域が広いので、ほぼ連続性が確保できるためです。

結果的に現在はコンサルティングという、事業会社とは異なる職種にいます。ただ、知識のコアがあったので、「コンサルのお作法」に適応すれば良く、転職後もかつての知識は活きています。

年収の希望額は特に考えていませんでした。強いて言えば、入社後に伸びるならスライドで良いと考えており、結果年収額はスライドでした。

ただし、残業が大きく減った上での年俸制ですので、時給換算すれば大幅に増えました。半分特定されているので大きな声で年収は言えませんが、担当レベルで入社し、現在本部長まで上がっているので、入社時から倍以上になっているくらいだとは参考までにお伝えしておきます。

利用した転職サイトと、受けた企業

転職サイトはＪＡＣとリクルートを利用しました。

それぞれの使い分けは、外資に強いというのでJAC、幅広い求人ということでリクルート、という感じです。

結果的に転職が決まったのはJACでした。今の会社はあまり知名度が高くなく、求人で見つけるまで名前も知りませんでしたが、JACは企業担当と求職者に同じ担当がつくため、「私に合いそう」とごり押ししてくれて、「そこまでなら」と受けて入社しました。受けた企業の総数はあまり覚えていませんが、10社くらい書類を出して、最後2社から内定をもらいました。

転職先を選んだ理由

いまの職場を選んだ理由としては、シンプルに「自分とマッチしてそう」と思ったからです。なので、納得して内定をもらいました。

もともと、印刷業界向けの製品のマーケティングをしていたのですが、印刷会社が印刷するもののほとんどが広告用途です（チラシなど）。デジタル化が進む中で、印刷会社が生き

＊8　Business to Business の略。企業が企業に対して商売をする企業間取引のこと

残るためには、印刷会社がデジタルマーケティングに取り組まないといけないという流れがありました。

転職当時は、日本に上陸して間もないマーケティングオートメーション[*9]が脚光を浴びている頃でした。今の会社はマーケティングオートメーションが強く、入社したときは「日本上陸前からこのツールを使っているイギリス人」が入ったチームにいて、最先端の知識を学ぶことができることが魅力でした。

退職を伝えたときの周囲の反応

転職することについて彼女（現在の妻）には何も言われませんでしたが、母親にはあとから「なんで安泰な会社に入ったのに……」などとネチネチ言われました。

転職を決めたのは、ちょうど会社の同期や先輩がごそっと辞め始めていた時期でした。「お前もか」という雰囲気と、同じチームの後輩からは「愛社精神が強い」と思われていたため「え??」という反応を受けました（実際に愛社精神は強かったですが）。

上司に伝えたときは絶句されました。そして、3回くらい面談をして慰留の説得をされました。

ただ、最後に私が「『ラ・ラ・ランド』を見て人生一度だと思ったのが決め手です」と言って（結構本音だったのですが）、それを聞いて「もうだめだな」と思ったのか、あたたかく送り出してくれました。

人事とは面談があり、「やっぱり早く駐在行きたかった？」と聞かれて、「駐在は正直いつでもできると思ってましたが、それ以上に、早めに子会社の社長とかやらせてもらって、経験積みたいです。むしろそちらのほうが学びも多いと思うのでそういう機会があれば辞めませんでした」と伝えました。

考えてもみなかったし無理だろう、という雰囲気が人事からも見えました。

まぁそんなもんだなと思ったのと、もともと感じていた構造的な問題に関して「やっぱり辞めるしかなかったな」とこのとき改めて決心がつきました。

振り返って

「そのときに選ぶ選択肢に正解はない」というのが人生だと思います。

＊9　マーケティング活動を自動化、効率化するための方法論、技術ツール

私は「自分で選んだ選択肢を正解にする努力をする」をモットーにしていました。いまは、転職という選択肢をとったことが正解だったと感じています。

転職して6年くらいたち、独身→子持ちになり、住まいも港区→さいたま市中央区、と大きな変化がありました。コロナの影響で、働き方の変化もありました。

仕事においては、成果主義の外資系に移り、実際に成果を出せたので自分の裁量もどんどん大きくなり、責任の重さを感じながらも働き甲斐を感じています。

転職のメリット・デメリットでいうと、職場が変わることでどちらにも傾く可能性があると感じます。

私はある意味成功したので、生存者バイアスがあります。うちの会社が良いというわけでなく、「カルチャーとしてフィットできた」などという偶然もありますし、フィットするように努力できたのもあると思います。

一般論として、転職を成功させるにはその人次第な側面もあります。環境が合う合わないもあるので、もちろんうちの会社に中途入社し、合わずに抜けていく人や、別の活躍の場を求めて外に出る人はいます。

読者の皆さんへ

言うまでもないですが、転職はリスクになり得ます。外に出てから「元の会社がいい」と感じることもあるし、出てから後悔している友人を何人も見ています。

ただし、今いる会社に居続けることもリスクになる可能性がある、というのも事実です。事業が停滞してしまえば、解雇規制が強い日本では仕事は続けられるものの、ズルズルと待遇が伸びずにゆでガエル状態になる、ということもあり得ます。

この選択は常に難しいものですが、同時に、外には常に機会はあります。LinkedInに登録すればいっぱい声がかかります。ただ、声がかかるうちが華ということもあるので、常に自分の経験とそのスキルが、市況全体感を見た時にどんな評価があるかは常に考えておくべきです。

一方で、転職は儲かる産業です。なぜならば一般のエージェントのビジネスモデルとして、転職をすると企業は年収の30%以上を支払います。そのため、エージェントからすると求職者は「宝の山」なのです。

やみくもに転職活動を進める人がいますが、自分を突き動かす感情は何なのか考えてみることをお勧めします。

また、「企業は自分を救ってくれない」側面もありますが、特に新卒入社であれば何者でもない、その自分を育ててくれたのもその会社です。

受けた恩はちゃんと返していくことで、もしかすると短期では割に合わなくても将来的に何かしらのリターンがあるのかもしれないと思います。

その観点で、近年「退職代行」の声も聞かれますが、転職する際は前の職場の人と良好な関係を築くことも重要です。もし次の職場で合わなくても、もしかすると帰れる拠り所になるかもしれません。

よく、「退職を告げてから守る物がなくなりパフォーマンスがよくなった」と聞きます。それは別の言葉では次の会社が守る物になっているとも言えます。

私は、常に「退路は断たないようにする」ことが重要だと思っています。

Vol.
6

大手自動車メーカー⬇SaaS系企業

終身雇用こそ正義だと思っていた私が転職したワケ

西川・30代半ば

私は元々大手自動車メーカーに勤めており、4年間の国内業務を経験した後、3年間アメリカに駐在をしました。そして帰国してすぐに転職し、今は転職して数年が経ちました。この章では、私が前職の自動車メーカーで働く中でずっと抱いていた「違和感」の正体や、転職を決めた理由、転職をして数年経って感じていることをまとめました。

〝あの〟一流企業に入社

私は早慶附属高校からエスカレーターで大学に上がり、大学では理系の中でも文系寄りの学科に進みました。ゼミや海外ボランティア活動、海外留学等に力を入れ、サークルには入らず、授業にも毎日しっかり出席している、所謂意識高めの大学生でした。

就職活動では、海外経験を活かしたいという思いと、とにかく日本を代表する有名企業で働きたいという思いで、世界に名の知れた大手メーカーを中心に受けました。

就活は順調に進み、何社か内定をもらい、その中でも安定感の高い自動車メーカーに入社を決めました。

私は小さい頃から親や周りの人たちに敷かれたレールの上をブレないように綺麗に走ってきた人間で、就職活動でも親や周りから一概に「凄いね！」と言ってもらえる企業に就職ができたことに誇りを感じていました。

特に会社に入ってからの野望はありませんでしたが、世界で戦うことのできる「メイドインジャパン」に関われて素直に嬉しかったです。

入社が近づくにつれて意識は高まっていき、大げさですが、自分の経験を活かして自社の発展、ひいては日本の製造業の発展に寄与することができたらいいなととても前向きな気持ちで入社の日を迎えました。

工場研修と高揚

入社してすぐに工場研修があり、3か月間現場で働きました。研修と言っても私は部品の運搬や小部品の組み付けのチェックが中心で、基本は時間を厳守して真面目に勤めればOKな環境でした。

現場の人たちの中には声が大きくて厳しそうな人もいましたが、粗相をしなければ淡々と仕事は進んでいきましたし、私の場合、単純に生産現場を知れることが楽しかったので苦ではありませんでした。

工場内は非常にシステマチックに動いており、毎日決められた数の部品が決められた時間にデリバリーされ、ラインに流れていき、組み付けられ、自動車が完成していくという一連の無駄のない生産フローの美しさに惚れ惚れしました。

トラブル対応で現場がピリピリしたり、自分が何をしているのかがわからないくらいにバタバタしたりするときもありましたが、先輩方や上長の指示をしっかり聞いて行動し、新人の割には上手く対応することができたと思います。

このときはトラブル時でもこの美しい生産フローを維持するために、無数の下請けや物流業者の方々が多大な苦労をされているということは知る由もありませんでした。

事前に同門の先輩方からは工場研修でメーカー勤めが嫌になる人が多いと聞いていましたが、私の場合はそんなことはなく、むしろこれから始まる大きな仕事へのモチベーションが上がっていました。

高揚そのままに配属決定

研修が終わり、私は調達関係の部署に配属となりました。工場でやっていた単純作業とは異なり、日々イレギュラーな部品調達問題への対応や一部のパーツのデリバリーの需給の線引き業務（日々どれくらいパーツが入ってきて、どれくらいパーツを使うかの計算）に躍起になっていました。

車をコスト的にも時間的にも最も効率的かつ無理無駄のない形で作り上げていくというハイレベルな仕事の一部を担当できることはとてもやりがいのあるもので、自分が小さな会社の指揮者になったような気分で使命感を持って毎日仕事をしていました。

3年目にもなると、責任範囲が徐々に大きくなり、複数の部品の調達を担当するようになって更にモチベーション高く仕事をしていました。サプライチェーンの全体が見えるようになり、どこがリスクでどこが肝になっているのかも大体わかるようになってきました。

リスクが高いような下請け企業にはできるだけ手厚くフォローをしたり、細かいサポートや管理を徹底することでリスクを事前に回避し、パーツをショートさせることなく工場生産を回すことに日々やりがいを感じていました。

私はこのときもまだ、無数の下請けや物流業者の方々が多大な苦労やリスクを背負いながら、パーツをショートしないようにしてくれていたという事実に気づき、向き合うことができていませんでした。

違和感を覚えた「災害」対応

私が入社して数年経った頃、日本で比較的大きな災害が起こりました。被災した被害は甚大で、災害発生地付近の関連工場のいくつかがダメージを受けました。

私の調達範囲の工場の中にもダメージを受けた所があり、それらの工場の稼働が数日止まったことで部品ショートのリスクが発生しました。

自分が担当する部品がショートして工場を止めるというのはあり得ないことであり、「このままではマズイ……」と焦りながらも、心のどこかでは「天災なんだから仕方がないだろう」とも思っていました。

しかし、上からの指示は「なんとか工場を稼働させ、部品をデリバリーさせろ」の一点張りでした。それほど自動車メーカーの工場の稼働を停止させるというのは大きなインパクトがあるもので、上司から毎日、数時間ごとに現状報告の要望が来ました。

「変化なしです」と馬鹿みたいに報告するわけにもいきません。ですので、私も数時間毎にサプライヤーや物流会社に連絡をしました。

災害から間もない中、私は被災者でもあるサプライヤーや物流業者に対し、

「在庫は今どれくらいですか？」

「生産はいつ開始できますか？」

「数十個だけでもいいので出勤できる人だけで生産することはできないですか？」

「とりあえず在庫がある分だけ運んでもらえますか？」

と何度も何度も何度も連絡しました。

工場の担当者からは「本当に少しでもいいのでこちらの事情も考えて欲しい」と言われ、物流業者には「この混乱の最中に明日までに納品しろってのは、死ねって言っているようなもんですけどね……」とも言われました。

私も非常識なことをお願いしているとわかっていながらも、私の担当範囲が原因で工場が止まれば間違いなく戦犯になるので、何度も何度も相手からは見えないのに頭を下げながら電話をしてお願いし続けました。

無理なお願いをし続け、時に罵声を浴びせられながらもなんとかこの有事に対応し、自分の担当部品要因ではない細かい稼働停止を含む生産調整に救われながらも、なんとか僕

はこの災害対応を乗り切りました。

しかし、災害対応が終わって工場に平穏が訪れたときには、私の中にはすでに「世界を代表するカーメーカーの発展に寄与したい」という新人時代に持っていた、燃え滾るような情熱は残っていませんでした。

冷静になって考えてみれば、自分たちが自分たちのタイミングで作りたい量の車を作るために無数の下請け企業が犠牲になっているなんてことは容易に想像できますよね。

ただ、「知っている」のと実際にそれを「感じて理解する」のとでは大きな差があります。

私は災害対応を通して、この車を生産する仕組みの残酷さを初めて理解しました。

理不尽な現実

「日本の車は安いのにいい車」というのは世界共通で、それを誇りに仕事をしている人たちはたくさんいます。しかし、何故いいものを安く売れるのでしょうか？

それは安く製造しているからです。

コンスタントに自動車メーカーがサプライヤーに値下げ交渉を行い、自社で無駄な在庫やアセット（資源）を持たず、無理無駄が発生するプロセスは安値で外注する。そうすることで安く車を製造しているのです。

ＴＯＰが「材料価格は高騰してますがお客様のために値上げはしません」と言い、株主の皆様に「今期も最高益を目指します」と言えば、社内の下々の社員たちはサプライヤーからの値上げ交渉を受け入れることなんてできません。むしろ利益増を目指して原価低減を求めます。

日本のトップレベルの大学を出た素晴らしい頭脳を使って理論武装し、超大企業が小さな下請け企業にコンスタントに値下げ交渉を行っていく様はさながらエリートヤクザといった感じですよね。

値上げ交渉に対して値下げの提案をするというこの異常な行為（一部ではありますが）に対して、何も感じずに淡々と交渉を遂行できる感覚が麻痺してしまった人たちが上にはたくさんいましたが、私はそれを見るのが苦痛で仕方がありませんでした。

じゃあ何が正解なのか？　下請けにも優しく値上げ交渉にも応じ続けて高くていい車を作ればいいのか？　たくさん売れているのだからその分サプライヤーにも利益は出ていて、結果的にサプライヤーも幸せなんだろうか……僕には正解なんて到底わかりませんでした。

拭えぬ「違和感」

私は会社のやり方に疑問を抱きながらも、目の前の「安定」や「ブランド」を捨てられず、転職に踏み出すことができないまま5年目にアメリカ駐在の内示をもらいました。

仕事内容は調達業務と生産管理の業務を両方請け負うような形で、言語が日本語から英語になり、輸入関係追加業務や問題対応、カントリーリスク[*10]が絡んでくる問題が増えて業務の困難性が非常に高くなりました。

そして何よりも困難性を感じたのは、日本のようにサプライヤーに無理難題を押し付けられないことでした。日本での業務のように「とにかく早く部品を納品してくれ」や「今ある分だけでもいいから便を立ててデリバリーしてくれ」という依頼をしても、「契約がなければ無理」とか「そんなに急に言われても無理」と平気で却下されることが多くありました。

とはいえ、何かトラブルがあった際は海外の下請け企業の日本人駐在員や、日本が好き

*10 特定の国・地域における政治・経済・社会情勢の変化により企業が損失を被るリスク

で日系企業に勤め続けているであろう現地社員たちの血の滲むようなサポートにより、なんとか解決の方法を見つけ、生産を止めずに駐在任期を全うしていました。

この頃には、私ももうどちらかというと新人の頃におかしいと思っていた、サプライヤー側の立場に立って物事を考えることができない人間に近い存在になっていました。

マシーンのようにただただ自社の要求を伝え、無理をしてようやく実現できるくらいの鬼畜な価格や納期のリクエストを投げ続ける。担当の米国人に「ＮＯ」と言われれば、駐在員や親会社の日本人に要望を強く伝達し、なんとか問題を切り抜ける。

そんな自分に嫌気はさしていましたが、それでも「折角頂いた機会だから駐在任期は問題なく全うしよう」と無駄な思考はせず、日々目の前の仕事を淡々とこなしていました。正直なところ、日本では考えられないような仕事量をこなしていたため、自分自身の仕事を完遂すること以外に目を向ける余裕がありませんでした。

転職を決意した５００マイル部品陸送

ある日、いつものようにサプライヤーでトラブルが起きました。この時期はコロナで全くラインワーカーもドライバーも不足している時期で、そのサプライヤーもシャットダウン手前でギリギリの生産とデリバリーを続けていました。

そんな中、トラブルでサプライヤーの生産が一時ストップするインシデントがありました。極度の人手不足でそれすら上手く情報連携されず、その事実が明るみに出たときにはすでに手遅れで、部品は本当にギリギリのロット分だけ生産できていましたが、それらを配送するドライバーが全くつかまらない状況でした。

その工場の頼みの綱であった日本人駐在員もコロナで寝込んでおり、連絡がつながらない状態でいつものような力業は使えない状態でした。

サプライヤーと共に何社も何社も物流業者に連絡をしましたが全くドライバーが見つからず、もう半ば諦めかけていました。そもそも自分はコロナが蔓延している中、感染のリスクに晒されながらも毎日現場に出社し、必死に仕事をしているんだし十分やっているだろう――もういっそのこと組み立て工場でコロナのクラスターが起こって生産が止まればいいのに――と何度も考えました。

上司からは「諦めるな。サプライヤーに明日の生産分だけでもバンで納入させろ」と言われ、そのままサプライヤーに伝えるも「そんなことはできないし、コロナなんだし無理だよ」と断られ、私は途方にくれました。

実際は他の生産工場でも同様にクラスターは起きていて、人手不足もあり、他の部品もショートでいつ組み立て工場が稼働調整をしてもおかしくない状況なのは知っていました。しかし、万が一にも稼働を続けた場合、自分の担当する部品のショートで工場が止まるような失態はできません。とは言え打つ手はありませんでした。

どうにもならない状況で社内でインシデントが上層部に報告され、緊急会議の結果、自社の誰かが必要分の部品だけをバンで運ぶことになりました。

そして、協議の結果、若手の私が運転していくことになりました。

仮眠をとり、次の日の早朝4時に部品が積み込まれたバンに乗り、私は片道500マイル（約800キロメートル）の長旅に出発しました。目的地に着いたのは夕方5時でした。運転中や、休憩中のガスステーションで私は今までの自分の仕事を振り返りました。

「自分は誇らしい仕事をしているんだろうか？」

「サプライヤーはこんな苦労の連続なのか？」

「これで本当に世界に誇れる車なのか？」

「一生こんな事を続けていくのか？」

「もう辞めよう」

深夜のテンションでネガティブになっていたのもありましたが、12時間のドライブで頭の中が整理できました。

ホテルで一日休んだ後、帰りの12時間ドライブでも気持ちは変わりませんでした。

こんなことをさせられているのが嫌になったのもありますが、自分が知らない範囲でもこういった「犠牲」はたくさんあって、そういった数々の「犠牲」の上に安定した生産プロセスは成り立っているんだと肌で感じ、正直にもう続けたくないと思いました。

今思えばこの理不尽な陸送がなければ、私は転職せず、今でもロボットのようにサプライヤーに無理な要求を投げ続けていたかもしれません。

私はこの日を境に本格的に転職活動を始めました。

悩みに悩んだ転職活動

転職活動を始めても、私の場合は中々志望業界や志望企業を決めることができませんでした。

どんな業界に行っても業界特有の闇があるのではないかと思い、OpenWorkの悪い口コミばかりを読み、ネガティブな情報を意識的に集めてしまっていました。「どうせどこに行っても闇があるなら有名で安定した今の企業でもいいいんじゃないか」と何度も何度も思いながら悩み続けました。

結局、悩んでいたら帰任が決まり、私は帰任をして一段落してから再度転職活動を始めました。

ネットを見ていても結局よくわからないので、仲間内や知人をたどって興味がある会社の人を紹介してもらい、片っ端から話を聞いて一次情報を集めたりもしました。他人の話を聞くことで転職のフローだけでなく、転職を決断した背景にある考えなどもとても参考になりました。この経験が、今回自分の転職記を書こうと思った理由でもあります。

余談ですが、ネットに落ちている情報に惑わされるのではなく、しっかりと手足を動かして確かな一次情報を摑むという姿勢は、前職で学ぶことができてよかったことの一つであり、転職活動においては非常に重要なムーブだと感じています。

5か月間にわたる長期の転職活動の末、最終的に私は大手SaaS系の企業に進むことに決めました。決め手は左記3点です。

- 日本企業の非効率性をSaaSの力で改善していきたいから
- 中小企業や個人事業主がより活躍できる世の中を作りたいから
- 自分も個人事業主として仕事がしたいから

実のところ年収は下がりました。しかし、今は自分の仕事に誇りが持てていますし、自社のサービスが世の中（特に個人事業主や中小企業）の役に立っている実感を得ながら仕事ができているので今の仕事に満足しています。

まだうまく立ち上がってはいないですが自分で事業を始め、外国人を日本に誘致するサービスも始めました。本業と個人の事業共に、日々情熱を燃やしながら自分の仕事と向き合えています。

本音

転職記や転職サイトでは「年収ＵＰ」や「成長できる環境」などといったワードがよく使われていて、実際に皆さんもより多くの年収やより成長できる環境を求めて転職をする方が多いと思います。

そこで皆さんに考えていただきたいのは「あなたは一度きりの人生をどう生きたいか？」です。

あなたは人生で何を成し遂げたいのか？

お金を稼いで何がしたいのか？

それは自分の人生を意味のあるものにするのに必要なのか？

何のために成長したいのか？

成長した先には何があるのか？

ここら辺の整理がつかぬままに「年収」や「成長」を追い求めてしまう今の転職の風潮はいかがなものかと思います。

私は、「今の自分」が誇れる仕事・やりたい仕事を一生懸命やることが大事だと思っています。その思いでSaaS系の企業に転職して中小企業の力になり、個人事業主として日本で働きたいと思っている外国人人材を支援する道を選びました。

たとえ、年収が1，000万円なくても、いい車に乗れなくても、いい家に住めなくても、自分の仕事・生き方に誇りを持てれば人生は豊かになると思います。

まわりに惑わされる必要はありません。

自分らしいキャリアを

私の経験は、特定の企業や業界に限ったものではないかもしれません。同じような悩みや違和感を抱えている人は多いでしょう。特に大企業に勤めていると、組織の論理や効率性の名のもとに、自分の価値観や倫理観が試されることがしばしばあります。

多くの人が「自分らしく生きる」ことを求めて転職を考えるようになっています。年収やスキルアップはもちろん大切ですが、それだけが人生の全てではありません。家族との時間を大切にしたい、自分の趣味や興味を追求したい、地域や社会に貢献したい、そうした思いを実現するための転職も大いに「アリ」だと思います。

私自身、家族との時間や自分の健康、社会貢献を重視した結果、今の職場を選びました。そして、その選択が間違っていなかったと日々実感しています。自分の価値観に合った仕事をすることで、精神的な満足感や充実感を得ることができ、それが日々の仕事の原動力になっています。

皆さんも、転職を考える際には、自分が本当に大切にしたいものは何かをしっかりと考え、それを実現できる職場を探してみてください。年収やスキルアップだけでは得られない、深い満足感や充実感を得られるはずです。
皆さんが自分らしく生き、充実したキャリアを築けることを心から願っています。

Vol.
7

大手機械メーカー⬇IT企業

地元を拒絶していた私が、地元に戻る決断を下すまで

ヒデ・30代半ば

いきなりですが、皆さんは自分の地元が好きですか？

千葉県の柏という黄色い街で生まれ育った私は、ずっと地元が大嫌いでした。

10代の頃は地元を早く飛び出して東京に行き、キラキラした湾岸エリアに住んで、リビングから夜景が一望できるような部屋に住みたいと、ずっとそう思っていました。

高校時代から毎日常磐線に乗って東京の学校に通い、就職し大手企業に勤め、気づけば社畜のように組織の歯車と化した私……。あんなに憧れた東京という街は、実際は息苦しく、狭く、逃げ場のない迷宮でした。夢を抱き自らの意思で東京に出て、東京という街に押し潰されそうになっていた私はいま、柏の中古マンションで妻と子供2人の家族4人で、こぢんまりと暮らしています。

なぜそうなったのか？　かつての自分を振り返ると、信じられないと感じるときがあり

ます。

妻の出身も柏で、お互いの実家も市内にあります。「マイルドヤンキー」というほどではないですが、程よい郊外のベッドタウンで育ち、東京に出たが子供が生まれるタイミングでベッドタウンにUターンし、リモートワークをしながらそのエリアに根ざして暮らす自分のような人たちを、私は勝手に「マイルドヤンキー2・0」と呼んでいます。

東京に通勤可能なベッドタウンに住みながら、その地域をほとんど出ない生活スタイルの人って、リモートワークが市民権を得たいまの時代、かなり多くなったと思います。

我が家は、平日はリモートワークで仕事をし、休日は柏の葉公園に行くか、どちらかの実家に行くか、地元の仲の良い友人家族と家族ぐるみで遊ぶか、新三郷のCOSTCOかIKEAかららぽーとに行くか、みたいな感じで刺激的な生活ではないですが、ゆるゆる楽しく生活しています。都心まで普通列車で30分ほど。それでも、もう滅多に常磐線には乗りません。

あんなに憧れた東京。就職から10年あまりたち、今では行きたいとすら思わなくなりました。

「柏なんてクソ喰らえ」

「千葉なんてクソ喰らえ」

そう心の中で唱えていた私は、いまでは「東京なんてクソ喰らえ」とすら思っています。弱冠アラサーにして、なぜそこまで目まぐるしく価値観が変わったのか。いま自分がいる場所が望んだものと違うなぁ、何かを変えたいなぁと心の底で思っている人へ――。

地元を出る決意

柏って聞くと、「治安の悪さ」を思い浮かべる人が一定数いるかと思います。いまでこそ市内の北側はつくばエクスプレスが通って再開発が進み、駅前もだいぶ整備され、全体的に子育て世代が増えて大人しい街になりました。

では治安が良いのかというと、体感では昔よりはだいぶ良くなったと思います。

私がちょうど中学生ぐらいの頃が最盛期でした。日が沈むと駅前には悪そうな兄ちゃんたちが悪そうな座り方でたむろし、親からは夜は1人で駅のほうに行くなと言われていました。

同じ中学の同級生は、近所で高校生のヤンキーに絡まれてボコボコにされ、警察沙汰になったこともありました。まあとにかく、おっかなくて「マジでこの街終わってんな」と思っていました。

そんな柏においてもうちの近所はわりと良い感じの人が多く、マンションで隣に住んでいた家族のお兄さんは当時、慶應義塾大に通っていました。そのお兄さんは品が良く、いつしか私は、この人みたいに東京に出て洗練されたファッションで大学に通うということが目標になっていました。

東京ってスゲェんだな

高校は都内の私大附属校に進学しました。女子は最新のトレンドを気にしたファッションを纏い、男子は髪をツーブロックにしたり、マッシュにしたりと、とにかく制服の着方ひとつとっても全てが洗練されて見えました。

案の定、高校3年間はたいして勉強せず、振り返っても部活と彼女とのデートしか記憶がありません。とにかく、東京ってスゲェなというのと、そのスゲェ東京で学生生活送ってる俺スゲェな、としか思っていませんでした。

大学はそのままエスカレーター方式で「楽そうだから」という適当な理由で経済学部を選択し、女に溺れ、酒に溺れた最低で最高な青春時代を過ごしました。

社畜への輪舞

「君、ちょっと髪長いよ。来週までになんとかできる？」うっせーなークソジジイてめぇは切る髪すらないだろ、という言葉を喉元で押し返し、「すいません、明日切ってきます」と返事をする。私の新卒一年目の配属初日の出来事です。

私は新卒で大手機械メーカーに就職しました。「日本の素晴らしさを伝えたい」とか、「マーケティングのスキルを身につけたい」とか立派なことは全く考えておらず、とにかく大手でまあまあ平均年収が高く、合コンでモテそうで聞いたことのある会社をいくつか受けて、内定をもらった中から選んだという感じです。

理念的なことは何も考えていなかったというのが、正直なところでした。

新人の頃からスーツで華金は銀座らへんで合コン三昧の生活を想定していたら、それを見越したかのようにいきなりの地方配属で、一旦は東京を離れました。

支店がある地方都市は中心部にシャッター街があり、飲み屋街は寂れ、午後8時を過ぎると駅前からもほとんど人気がなくなるような場所でした。当時の上司はガチパワハラ系のおっさんで、定時後に若手を集めて夜遅くまで説教をするという職場でした。

そして朝は8時出社の決まりでしたが、新人は7時には拠点に着いて掃除や身支度をするという謎の風習がありました。出席がほぼ強制の飲み会も多く、ブクブクと体重が増え続け、勘の良い私は早々に「おれは社畜になってしまったな」と気づきましたが、争う余裕すらなく、ひたすら日々をやり過ごしていきました。

この地方拠点には丸3年おり、ブクブクに肥えた私は幼少期に抱いた東京への憧れが再び自分の中で芽生えてくるのを感じていました。

地元で感じたギャップ

話がちょっと逸れますが、私の地元嫌いは社会人になると拍車がかかっていきました。たまに実家には帰るし、地元ならではの居心地の良さも感じつつ、どこかでこの街に住む人を馬鹿にしていたのです。

振り返ると、象徴的だったなと思うのが地元の飲み会。大学までいった友達は少数で、多くが高卒で消防士とか、専門学校に行って美容師になっていました。

社会人1年目の年末、数年ぶりに柏駅近くのチェーンの居酒屋で元サッカー部の友達6人で集まりました。6人中、大卒は私のみ。一番仲の良かった奴は消防士、キーパーだった奴は警察官になっていました。

「へぇ、みんな大変そうだねぇ」

赤ら顔でそうつぶやいた私は、たぶん心底5人を馬鹿にしていました。

「ヒデは会社員だっけ？」

友人に聞かれ、私は

「そうだね。毎日スーツ着るのって結構大変なのよ」

とここぞとばかりにホワイトカラーをアピールしました。

こいつらは一生柏で終える。おれは違うんだ、そのうち世界へと羽ばたく。悪いがもうお前らと生きている世界が違うんだ。心の中でそんなことを唱えていました。思えば、これらは全て自分の中のコンプレックスから来るものでした。そしてどんなに地元を拒絶しようと、そこには切っても切れない縁があることを、私はそのうち知ることになります。

表では彼らと仲良くしていましたが、振り返ると当時の私は本当にクズでした。そしてまさかこの日から数年後、私が柏に戻り、地元ライフを心から楽しんでいるとは、このときは知る由もなかったです。

東京砂漠

地方配属を終え、4年目に東京に出ました。

当時、同期の間で地方から東京にあがることを「脱獄」と呼んでいました。それだけ地方は過酷なものだったのです。

仕事には何も思い入れがなかったですが、いかんせんやることがなくてひまだったので地方では中途半端に仕事にコミットしてしまい、実績を上げて社内でいくつか賞を受賞するほどになっていました。「おれ、もしかして仕事できるんじゃないか」と勘違いした私はこの頃、「君は若手のホープだ」という支店長の放言を真に受け、1ミリも英語ができないのにいずれ海外駐在をしたいと考えるようになっていました。

上長とのキャリア面談では海外志望を前面に押し出し、晴れて東京では海外事業の部署に配属されました。これが悲劇の始まりでした。私は北米方面の担当をしていました。主な業務は各地の生産や販売管理のようなことをしていましたが、とにかく業務量が凄まじく、毎日朝から夜遅くまで働き詰めで、出張も多く、休みが激減しました。

ストレスのあまり胃に穴が開き、街中でぶっ倒れて搬送されたこともありました。

品川の借り上げ社宅から毎朝出勤するとき、遠くに見える都心の高層ビルが地獄の魔界だと感じるようになっていました。

会社に向かう途中、気分が悪くなったことも何度もありました。

暗い顔をしたサラリーマンと肩を並べて満員電車で出社する鬱々とした日々。この頃から東京はもはや憧れの地ではなく、希望のない絶望の地と化していました。

冷えた新婚生活

東京に戻ってきて1年後、私は大学時代から付き合っていた彼女と結婚をしました。同じ附属高校出身で、なんと偶然にも柏出身だったのです。

結婚してすぐに子供ができて、順調に人生のステージを上がっている感覚がありました。

しかし、仕事はずっとこんな調子だったので妻とは夜しか顔を合わせず、私が帰宅すると妻はすでに寝ていたということもザラにありました。

最初のうちは、夜家に帰るとご飯を用意してソファで寝落ちしていた妻を見て愛おしくも感じていましたが、そのうち夕方「ご飯いる?」「遅くなるからいらない」の短いLINEのやりとりで夕食は用意されなくなり、気づけばソファではなくしっかりベッドで寝ている妻がいて、とても申し訳なくなったのを昨日のことのように覚えています。つわりがひどい妻のサポートも仕事で全くできませんでした。

「こんなじゃダメだ」

そう頭で思っていても、じゃあどうすればいいんだという解がわからず、惰性で時だけが無常にも過ぎていきました。

無事に第一子が生まれた頃には、あまりにも仕事に全振りしている私に嫌気がさしていたのか、妻は半年ほど実家に戻ってしまい、早くも夫婦関係はぎくしゃくし始めていました。

地元で抱いた希望

第一子が生まれてから1年ほどが経った頃、部内で私の海外駐在が噂されるようになりました。約半年後の人事で、カナダ駐在の本命になっていました。

東京本社に戻って以来、念願叶った道筋なのに、僕の心は揺れ動いていました。

駐在に出たところでこの多忙な日々は変わりません。むしろ、もっと忙しくなる可能性すら秘めていました。

そして当時の直属の上司はカナダ駐在の経験があり、よく話を聞いていました。その人が言うには、諸々の手当で稼ぎが良くなる以外、特に良いことはないというもの。海外にいながら基本的に日々の仕事は日本語で、日本でやっていた仕事とピッチャー、キャッチャーの関係性が変わるだけのようなイメージといいます。

出張者のアテンドも面倒くさく、正直やりがいどころではないと。唯一良かったのは休暇に自然豊かなカナダの観光地に気軽に足を運べることだったと言いますが、妻のキャリアは断絶するし、子供の環境も大きく変わるので、全体的にはデメリットもかなりあるということで、当時の冷えた夫婦関係も踏まえて、駐在への憧れが一気に崩れていく思いでした。

揺れ動いていた大きな理由はもう一つ。当時、仕事の忙しさに悩んでいた私は転職活動を進めており、エージェントから魅力的な求人を頂いていました。それは日系ＩＴ企業でリモート勤務というものでした。子供との時間をうまく取れずに、永遠に自分は子供に好かれることができないのではないかと考えていた私にとって、リモート勤務という選択肢は想定外で、非常に魅力的でした。

今後のキャリアと人生、どう決断すべきか。そんなことを一生懸命考えていたある日、私は法事で柏に帰っていました。そして、帰り道、私と妻は従兄弟の車でつくばエクスプレス（TX）の柏の葉キャンパス駅に送ってもらいました。

TX沿いは人気だと聞いてはいたものの、初めて駅前に降り立った私は衝撃を受けました。電柱がなくどこまでも広がる青空。整備された広い歩道。緑が多く、小さな子供を連れた人たちが談笑しながら歩いていく。私が小さな頃にはなかった綺麗なマンションが駅の近くに建ち、国道16号沿いの何もなかった空き地にはおしゃれな戸建てが立ち並んでいました。空き地や雑木林の多かった私の実家の周りにも大きな戸建てが建っており、両親に話を聞くと大手企業に勤めている家族連れの人たちがたくさん移住してきているし、同級生も何人も柏に帰ってきて家を建てていると聞きました。

変貌した柏の街を見ながら車で柏の葉公園まで足を運ぶと、たくさんの家族連れがいきいきした目で楽しそうに散歩したり、遊んだりしていました。

両親と楽しそうにボール遊びをしている子供たちを祖父母が嬉しそうに見守っている光景は、東京の狭いボール遊び禁止の公園で死んだ目をしている家族をたくさん見ていた私には眩しすぎました。

柏にこんなユートピアがあったのか。

「こんな穏やかな暮らしがしたい」

東京で押しつぶされ、ただただ消費され続けていた私は、自分の中に燻る思いが込み上げてくるのがわかりました。「良いところだねぇ」と話す妻を横目に、私は思わず口にしてしまったのです。

「ごめん、おれやっぱり柏に帰りたいかも」

その日を境に、私はこのまま会社に残り続けるのではなく、転職をして都心を脱出することを決意しました。

やめます

柏に住むには、転職する必要があります。その決意に迷いはなかったかというと、当初は少しありました。決断の決定打になったのは、柏に帰った2週間後、ストレスで胃潰瘍になったことでした。

今後も長くこの生活を続けていくことが、現実的にも難しいと悟りました。

エージェントの方は親身に相談に乗ってくれ、こちらの要望にも応えてくれたおかげで転職活動は想像以上にスムーズに進みました。へぇ転職活動ってこんな簡単なのか、とそのとき驚いたことはいまも覚えています。

最終的に受けたのは外資系コンサルと、いまの勤務先のIT企業の2社で、ともに内定をいただきました。給料は両社とも現職の10％程度上がるオファーでしたが、やはり住む場所を選びたいという思いがあり、リモートベースのＩＴ企業を選びました。

ちょうどその頃、私の海外駐在はほぼ固まりつつありました。転職先の内定をもらった翌日、私は部長にアポを入れ、単刀直入に「やめます」と退職の旨を伝えました。

「えぇぇ!?　なんで？」

「北米駐在はもうほぼ決まってるんだぞ。希望通りじゃないか」

そんなことを言われ、辞めるなと説得される始末でしたが、最後は私の意思が固いことが通じたのか、渋々退職を了承してくれました。私の進路より、会社の人事がすでに決まっていたことを気にしていた部長は、まさにＪＴＣ企業の中間管理職という感じでした……。

１か月の有休消化中に私たちは品川から柏の葉キャンパスの中古マンションに引っ越しました。妻の実家までは自転車で10分、私の実家までは車で15分ほど。実際に住んでみたら、想像以上に暮らしやすかったです。

そして、大人になって家族を持ってから住んでみて柏という街の魅力もたくさん発見しました。

新卒から10年ほど。新たな生活が幕を開け、私の中には「もう都会での生活はいいや」という揺るぎない人生軸が確立されていました。

Uターンして気づいたこと

うちの場合は、夫婦ともに実家が近いのがすごくラッキーだったなと思います。お互いの実家のサポートを十二分に受けながらの生活は非常に充実しています。

だいたいの生活スタイルを書いていきます。

平日はリモートワークで仕事。たまに会議などで出社日もありますが、TXを使えば職場までドアtoドアで1時間もかかりません。妻もリモートワークなので、だいたい朝は私が子供を保育園まで送り、夕方は妻が迎えにいく、そして家事は分担という感じです。どちらも外せない会議があるときや、体調不良のときはどちらかの実家に頼んで送り迎えをしてもらってます。休日は柏の葉公園に行くか、どちらかの実家に行くか、地元の仲の良い友人家族と家族ぐるみで遊ぶか、COSTCO、IKEA、ららぽーとあたりに行くか、みたいな感じで刺激的な生活ではないですが、ゆるゆると楽しく地に足ついた生活をしています。

マイルドヤンキー生活をしてみて思うのは、やはり地元が過ごしやすいということ。離れてみて、うまく言語化できませんが地元にしか感じない引力みたいなものを感じました。

誰しもが地元が嫌いな時期というのはあると思います。でもやはり、その人の地元は変えられません。家族と同じように切っても切れない関係性があり、心のどこかでは地元に心地よさを感じるものだと思いました。

核家族化と言われて久しい現代において、もう一度家族や親族との絆や結びつきを大事にするべきだなと感じています。日々の生活で一緒に食事をしたり、食料を分けてもらったり、子供の面倒を見てもらったりと恩恵はたくさん受けます。

また、少し長期的な目線でいうと、親と過ごせる時間は有限です。転勤があれば、実家に顔を出せるのはGWかお盆か年末年始の年数回ほど。海外転勤に出てしまえば、親に会えない年もあるでしょう。そうして時が流れ、気づけば50代に……。

その頃、両親は80代。その歳まで病気なく元気でいられるほうが珍しいかもしれません。そんな人生で本当にいいのか、いま一度考えるきっかけにもなりました。

地元を拒絶した私は、再び地元に戻り、地縁や家族のありがたみに囲まれて、柏の素晴らしさをひしひしと感じながら温かな日々を過ごしています。

COLUMN

「マイルドヤンキー2・0」という新たな生き方

これまで取材させていただいたアラサー転職経験者は、大学卒業後に就職し、地方や海外、東京での勤務を経て、転職を機に地元に戻ってくるというUターン的な動きが共通点として比較的多くみられました。

新型コロナウイルスの感染拡大でリモートワークが市民権を得たことも大きいかもしれませんが、なぜ一定数のアラサーは「地元」にこだわるのか。地元に舞い戻るメリットは何なのか。また、戻ってきた結果、満足しているのだろうか。問いは尽きません。

そしてかくいう本書を執筆した歩兵も中尉も、アラサーで転職をした地元帰還組なのでした。

ある取材でのこと

2023年冬、note「俺たちの転職物語」の取材でとある人に「このnoteに出てくる人たちって、マイルドヤンキーっぽいよね」と言われました。はて、マイルドヤンキーとは？調べてみると、「マイルドヤンキー」はマーケティングアナリストの原田曜平氏が生み出した言葉でした。

直訳すると〝穏やかなヤンキー〟。ネオン輝く都会への憧れや上昇志向を抱くいわゆる昔の〝ヤンキー〟と違い、どちらかというと地元志向が強く、半径5キロ圏内で生活をし、仕事からプライベートまですべてその地域で完結するような人などのことを指すようです。

なるほど確かにマイルドヤンキーっぽいな、と思いつつも少し腑に落ちない感もありました。我々が取材していたのは、就職と同時に一旦地元を離れ、結婚や出産などライフステージの変化をきっかけに地縁の大切さに気づき、再度Uターンで地元に戻り、そこで定住を決断するような人たちが多かったのです。

地縁を大切にする、地元で生活を完結させるなどの点はたしかに共通しています。一方、一度その地域を出て、外の世界を見て知った上で地元に戻るという点では、ある種その地域に閉じこもり、外の世界に出ない（出ようとしない）とされる従来のマイルドヤンキー像とは一線を画す印象を抱いていました。

そんな具合で「似てるけど、本来の概念とは違うよね」「でもなんかキャッチーだし、使いたいね」などと煮え切らない会話をしていたところ、歩兵が「令和の新たなマイルドヤンキー像、つまりマイルドヤンキー2・0でどうだろうか」と言いました。

既存の概念を拝借してそれっぽい造語を勝手に作り出すことへの後ろめたさも感じつつ、その場にいた誰もが「マイルドヤンキー2・0」という言葉にしっくりきていました。

「マイルドヤンキー2・0」は突き詰めていくと、思っていたより社会的に浸透しつつあるが、カチッとした定義がない現代ならではの生き方でした。Xでマイルドヤンキー2・0に関するつぶやきをすると、多くの方からいいねなど共感の反応を受け、社会的な関心も高いことが窺えました。

今回は、我々の取材を通じて「マイルドヤンキー2・0」がどういう人たちのことを指すのか独自に分析しました。あくまで取材ベースのものなので、主観的で若干ゆる〜い定義になっていることはご容赦願います。

2・0は「ベッドタウン」にいる

マイルドヤンキー2・0の大きな共通点は、その舞台の多くが、地方ではなく都心へ通勤可能な近郊の「ベッドタウン」だということです。

ベッドタウンは文字通り、企業が集中する都市部で働く人たちが、夜寝るために帰る街として高度経済成長期ごろに整備が始まりました。大都市を囲むように発展してきたので、衛星都市とも呼ばれています。

ベッドタウンに住み、ベッドタウンから満員電車で都心の勤務先まで通うのがいわゆる平均的なサラリーマン像でした。そのサラリーマン像は、コロナ禍を機に大きく変わりつつあります。

「ベッドタウンに住んでいるが、仕事が在宅中心になったから東京に通勤する必要がなくなった」「都心に住んでいたけど、リモートワークになったから家賃が安い地元のベッドタウンに引っ越した」こうしたケースはここ数年で頻繁に聞くようになりました。

もはやベッドタウンは「寝るための街」ではなく、ベッドタウンに住みながらリモートベースで働く選択＝マイルドヤンキー2・0であるという仮説に達しました。

マイルドヤンキー2・0の構成要素

マイルドヤンキー2・0を語る上で譲れないキーワード、それは間違いなく「地元」です。従来のマイルドヤンキーと何が違うのか。それは地元がガチガチの田舎ではなく、都市部からそこまで遠くない郊外（＝ベッドタウン）ということです。

これまでのマイルドヤンキーといえば生まれ→進学→就職と地元をほぼ出ず、その地域の知り合いだけと関わりながら、狭い世界で幸福度高く暮らしている人たちのことでした。

これがマイルドヤンキー2・0になると、一度東京や海外などで仕事・生活をし、様々な経験を経て、価値観に触れ、「やはり地元が一番」と考えて帰還した人たちのことになります。

外の世界を知っていて、その上で地元に戻り、そこで定住すると決断を下した人たち。自分より上も下も、様々な生活スタイルもある程度知った上で、それでも「自分は自分、他人は他人」という身の丈にあった意識で人生を歩めるマインド。これは従来のマイルドヤンキーとの大きな違いだと言えるかもしれません。

また、我々が知るマイルドヤンキー2・0の多くは、自分や配偶者の両親・兄弟・親族らと極めて近い距離で生活をしています。これは物理的な距離の要素もありますが、それよりも生活する上での心理的な距離だと感じます。

たとえば、ちょっと用事があるときに実家や義実家で子供をみてもらう、土日に両親を交えて食事をする、一緒に買い物に行く、ＢＢＱをする……。同じ地元に住んでいれば、電車や車で数分〜数十分で行き来できる場所にお互い住んでいることが多いでしょう。

気楽に会えて、助けが必要なときに力をもらう。家族に自分や子供の成長を間近で感じてもらう。援助してもらっているようで、実は最高の親孝行なのかもしれない。まさに地元で生活をする大きなメリットだといえます。

働き方の面でいえば、リモートベースではあるものの都心近郊なため、その時々に応じて柔軟に出社することも可能です。企業側からすると、重要な会議やトラブルが起きたときなどには出社をしてもらいたいのが本音です。リモートベースの働き方をしている我々も、１週間に2、３日は都内のオフィスに出社しており、気軽にオフィスに行ける距離というのもポイントでしょう。

マイルドヤンキー2・0予備軍になるためには

マイルドヤンキー2・0で多い働き方はやはりフルリモートやリモートワーク中心の仕事です。ほどほどに仕事をしつつ、趣味や子育て、副業も楽しみながらストレスなく暮らしている人が多い印象です。

一方で、結婚している人は配偶者との価値観の合致が重要なポイントになってきます。なぜかというと、これまで読んできて何となくわかるように、マイルドヤンキー2・0は極めて地味な暮らしだからです。

無論、地味だからといって幸福度が低いわけではなく、むしろ背伸びをせず身の丈にあった、地に足ついた生活をできているほうが真の幸福度は高められると思います。ただ、正直インスタ映えするような生活ではないことは、すでにマイルドヤンキー2・0に足を踏み込んだ我々が断言できます。

たいていのベッドタウンはスーパーやドラッグストア、クリニックや学校、ユニクロ、無印良品、役所機能、公園など生活に必要なものは駅の近くにしっかり揃っていますが、個人経営の洒落たカフェや居酒屋、娯楽施設は少なく、独身であれば少々退屈かもしれません。

夫婦でお互いの地元が離れている場合は、その地域に根ざして今後の人生を進めていく覚悟をある程度は持つ必要があるでしょうし、仕事柄毎日遠くへ通勤したり、転勤が定期的に発生するような人には向いていない生活スタイルといえます。

実際に「マイルドヤンキー2・0」として生活して感じるのは、ある程度「自分は自分、他人は他人」といった割り切りも必要になってくるということです。

科学的、統計的な深い検証は一切していないので細かい要因はわかりませんが、こうして多くのアラサーがベッドタウンに移住してリモートベースで働いているのを見聞きすると、そういった動きが近年加速しているように感じますし、やはり暮らしやすさも背景としてありそうです。

自分に合ったライフスタイルを実現しよう

このコラムで一番伝えたいことは、個々が自分に合うライフスタイルが何かを考え、実現していくことで人生の幸福度を上げることができるということです。

ライフスタイルのベースになるのは住む場所×働き方で、そこに給料や子育てなど、生きる上で大切にしたいマインドや価値観などが要素として交わってきます。リモートワークや副業・兼業など多様な働き方ができるようになったいまの時代、自分にとってどんなライフスタイルが合っているか理解することが大切です。

マイルドヤンキー2・0は仕事とプライベートのバランスが取れた生き方で、子育てや住環境、リビングコストや働き方などメリットは多く、これまで考えていなかった新たな選択肢になりうると感じています。

無論、このライフスタイルが万人にとって正解だとも言い切れないでしょう。都心で生活するのが好きな人もいるでしょうし、夫婦お互いの地元とは違う第3の地を選んで暮らすことを決めた人たちもいるでしょう。そもそも、自分たちの地元が嫌いで帰りたくないという人もいると思います。ライフスタイルには正解がありません。

特に家庭を持ち、子供が生まれると、保育園や学校など考慮すべきことが多くなり、簡単に引っ越すということができにくくなります。だからこそ、若いうちから「自分の望む理想的な生き方とはどういうものか」ということを一考する価値はあると思います。

Vol.
8

大手メーカー➡外資系IT企業

憧れの駐在で知った現実

武田・30代半ば

私は元々大手メーカーに勤めており、5年間の国内業務を経験した後、2年間アジアの国に海外駐在をしました。駐在中に外資系IT企業に転職し、現在転職して3年目になります。

「駐在員」に憧れて

私は必死に勉強をして田舎の公立高校から早稲田大学に進学しました。もともと大学でも部活を続けるつもりでしたが、受験で燃え尽き症候群になったからか続けるモチベーションがわかず、大学で長く打ち込んでいた部活をやめました。代わりに、ぼんやりとやってみたいなと思っていた留学や国際協力に注力することに決めました。

そして大学2年の夏から1年間、米国の州立大学に留学しました。このとき、ひょんなことから現地の駐在員の方にお世話になり、そこから関係が続いて、就活中もその方に相談に乗ってもらっていました。

これまでの人生、なんとなく「早稲田かっこいいじゃん」、なんとなく「留学かっこいいじゃん」と行き当たりばったりで進んできた私は、そのときもその人の影響で、なんとなく「駐在員かっこいいじゃん」と思っていました（笑）。

当時は国を跨いで大きなビジネスがしたいとか、日本の良さを海外にとか、色々それっぽいことを言って志望動機や目標を語っていましたが、ぶっちゃけると本当はそんな野望はほとんどなかったです。早く駐在に出て、「おれ駐在員だよ」とカッコつけて言いたかった。それだけです。

そんなわけで就活は比較的海外駐在に行きやすい商社とメーカーに絞って進めました。商社は全落ちしましたが、いくつかのメーカーから内定を頂き、最終的には一番面接での印象が良かったメーカーを選択しました。

内定が出てからは人並みに大学4年生を楽しみました。楽しむだけではなく、再度業界研究や企業研究をしたり、必要な資格の勉強をしたりと充実した1年間を過ごし、「もうやり残したことはない」という気持ちで大学を卒業して入社の日を迎えました。

いきなりの地方配属でモヤモヤ

晴れて社会人になった私は、早速メーカーの洗礼にあいます。研修後にいきなり東北地方の工場に配属されたのでした。ここで私は地獄の2年を過ごします。

東北と言っても、仙台とかではありません。市街地から外れた不便な場所で、私が住んでいたアパートから最寄りの新幹線の駅まで車で30分というど田舎でした。

工場で働く人からすると技術やオペレーションを全く理解していない若造がいっちょ前に自分らよりも高い給料をもらうことが腹立たしかったのでしょう。

最初はこちらから話しかけても無視をされたり、「お前は気楽でいいな」、「手を汚さんで何がわかるんだろうな」などと捨て台詞を吐かれたり、とにかく息が詰まる風通しの悪い現場でした。

コミュニケーションすらまともに取れず、「このままではマズイ」と思い、工場で働く人たちと関係性を築くために飲みの場を積極的にセットし始めました。もともと取引先などとの接待もあったので、平日だけでなく週末の夜も飲むことになりました。このときばかりは、スタミナだけはあって良かったなと思ったものです。

そうしてしばらくすると、現場でも「武ちゃん」と呼ばれるようになり、なんとか打ち解けていくことができました。

地方ならではの嫌なこと、よくわからないこともたくさんありました。本社と現場の間で板挟みになり、イライラしたことも幾度となくありましたが、なんとか無事2年の任期を勤め上げ、希望通り東京本社への異動となりました。

同じような業務　目新しさのない日々

そして3年目の春、私は東京に異動となりました。

思えば、東京に異動してきて最初の1年ぐらいがこれまでのキャリアのハイライトだった気がします。東北のど田舎に幽閉状態だった私にとって、都心の街は何もかもが煌めいていました。

ちょうどこの頃、新卒で東京配属だった人たちが地方や海外へ、地方で燻っていた私のような人たちが一斉に東京に帰ってきた頃でした。地方組はイオンがかろうじてあるような場所に2年間閉じ込められていた20代半ばの青年たちがほとんどです。

その鬱憤を晴らすかのように、私たちは週3、4ぐらいで夜遊び三昧の日々を送っていました。せっかく地方で仕事に対する意識が高まっていた私の意識は一瞬にして大学生レベルまで低下しました。東京は怖い街だと心底思いました（笑）。

仕事はというと、海外事業関連の部署で主にASEAN諸国にある拠点の販売管理＋生産管理のような仕事を担当していました。

東京にいた3年間はとにかく目の前の仕事を必死にこなしていたら終わった、という感覚でした。ふざけて聞こえるかもしれませんが、案外合コンだったり、女の子と遊んだりとか、仕事以外に（というか仕事よりも）夢中になれるものがあったから、かなり負荷のかかる業務でも無心で乗り越えられたのかなと思います。

海外駐在を拝命、でも…

「すまん、北米は難しそうだ」

ある日、飲みの席で部長はボソッと私に語りかけてきました。私は留学してからずっとアメリカ駐在を希望していて、上司にも「アメリカに駐在したい」と伝えていました。

しかし、部長から明確にアメリカ駐在は難しいと伝えられ、「長い会社員生活、まだまだ駐在の機会はあるから大丈夫だ。春から期待してるぞ」と東南アジアの国への駐在を言い渡されました。

夢である駐在が決まった瞬間でしたが、モヤモヤが拭えませんでした。まず希望していた北米ではなくアジアになったこと。

もう一つは部長の言葉。

「長い目で見たらいつか報われるから今は堪え時である」という、一つの会社に勤め続けることが前提の駐在アサインの考え方に違和感を覚えました。私がいわゆるJTCに蔓延る終身雇用が当たり前という昭和さに初めて違和感を抱いたのはまさにこのときでした。

プライベートでは私は少し前に付き合った彼女とスピード婚し、駐妻として一緒についてくることになりました。

夢の駐在へ

満を持して現地に赴任してから数か月は、右も左もわからない中で日々必死に仕事をしていてあまり記憶がありません。ただ、しばらくしてなんとなく「あれ、なんか思ってた駐在と違うな」という思いが僅かに芽生え始めました。

オフィスには現地採用のスタッフもいますが日本語を話せるスタッフが半分ほどです。特に上位ワーカーほど日本語が話せる傾向があるので、駐在員とデイリーで話すような現地スタッフはほとんど日本語が話せました。

また、日々メインでお話をするのは同じ会社の日本人や現地の関連会社の日本人、客先の日本人でした。英語を使う場面と言えば、現場寄りのワーカーに細かい現場確認をするときや、本社からきたマイクロマネジメントの調査依頼を現場レベルで実行するときぐらいです。

海外にいながらも毎日日本語を使い、英語を使うときは基本的に現地スタッフが嫌がるようなタスクばかりで「何のためにこの国に来たんだろう?」「私は何のために海外留学をしたんだろう」と日々思っていました。

日本への細かいレポート業務や出張者のアテンドやウェットな接待なども多く、駐在を開始して3か月足らずで私の海外駐在への憧れは消え去り、モチベーションもなくなりました。

私生活はジムとプール付きの豪華なコンドミニアムに住めてよかったですが、一日の大半を仕事+仕事関係の接待やアテンドに費やしていた私にとっては、週末に出かけている時間以外にもメリットを少し感じられるくらいのものでした。

そんなわけで、私の夢の駐在員ライフはモヤモヤとしたスタートを切ったのでした。

「これ仕事なの?」あふれるレポート業務

駐在生活が開始して半年、モヤモヤは大きくなるばかりでした。インスタではシンガポールのマリーナベイ・サンズに家族で泊まったときや、馬鹿みたいに広い自宅の庭でＢＢＱをした写真をあげ、Facebookでは仕事関係の意識の高い投稿をして充実した駐在ライフをアピールしていましたが、正直、半年で「もう日本戻りたいな」と思っている自分もいました。

仕事は多忙を極めました。いや、忙しさでいうともしかしたら東京にいた頃と同じぐらいだったのかもしれません。とにかくストレスを発散する場所がない。これが一番辛かったです。

仕事が終わってもアテンド業務や接待業務、もしくは仕事関係の方々との非公式な会食ばかり。出張者の受け入ればかりで自分の出張はほとんどない。知り合いは職場関係者かその家族だけ。東京の生活とのギャップが激しく、もうとにかく息苦しかったです。

極め付けは、本社からのマイクロマネジメント対応。現地社員の反発との板挟み、溜まり続ける不毛なレポート業務で日々心身共に疲弊していきました。

お偉いさんの「念のために」の一言が連鎖的に無数の「念のために」の仕事を生み、すべてが現場に作業として重くのしかかってくる。それがほぼ意味のない仕事だとわかっていながらも、現場社員達にムチを打ちながらなんとか短い納期内で仕事を完了させる。そんなことばかりでした。

価値観が変わった友人の帰国

それでも自分が希望した駐在ライフを完遂させるため、そして何より妻と1歳になった娘のため、無心で日々仕事に打ち込んでいました。

そして、駐在してちょうど1年が経った頃、私の価値観を揺るがす大きな出来事がありました。仲良くしていた関連会社の駐在員が過労（＋不健康な生活）で倒れて入院し、心身共に衰弱していてとても仕事を続けられる状態ではなかったそうで、その数日後には帰国が決まったと聞きました。

先週まで元気に飲んでいた友人がそんな状態になったと聞き、本当に驚きました。表面的には元気でも、一度リミットを超えてしまえば、積もり積もったダメージが堰を切ったように体をむしばんでいくのだろうなと学びました。

ふとした瞬間に鏡に映った自分の顔はパンパンに浮腫んでいて、日本にいたときは細マッチョだった体も今ではただのブヨブヨの中年体形になってしまいました。直近に日本で受けた健康診断の結果も芳しくなく、このままでは私も彼のようになってしまうのではないかと急に怖くなりました。

しかし、接待やアテンドは減らないのでお酒も気持ち程度にしか減らすことはできませんでした。「このままではマズイかもしれない」という問題意識はありながらも、現状を全く改善できないことに相変わらずモヤモヤした日々を過ごしていました。

家族に愛想尽かされ

ある日、いつものように接待終わりに帰宅すると夜11時を回っているのに妻はリビングで1人座って待っていました。

「ねぇ、話がある」

その一言でドキッとしました。側から見たらこんな醜くて不健康で仕事や接待漬けの人間が夫なら、愛想尽かされても仕方ないだろうなという、そんな思いは少しありました。

妻は俯き加減、無表情で言いました。

「こんな生活なら、私たちいる意味ある？」

妻はほとんど英語が喋れません。他の駐在員の家族とは多少なりとも付き合いがありましたが、同世代はおらず、気を許せる友達もいなかったそうです。娘の夜泣きや頻繁に起こる体調不良でもかなり体力とメンタルを削られていたらしく、毎日帰りが遅くて休日も昼くらいまで寝ている私へのフラストレーションが溜まりに溜まっていたそうです。

少ないコミュニケーションの中で「ストレスフリーでいい生活してんなぁ」と思っていた妻の生活は、華やかなイメージのある「駐妻」のそれとはおおよそ違う苦しいものだったと聞かされました。

年上の駐妻さんたちからいじめにあっていたという訳ではなく、「孤独でない選択をするために好きでもない人たちとずっと一緒にいることがストレスでたまらない」と妻は言っていました。そんな思いを一番近くで聞いてあげなければならない自分が話を聞けなかったことがただただ申し訳なかったです。

そして妻は言いました。

「もう限界だから来週、私たち帰国するね」

えぇ！　そんな急に、と思わず声が出ましたが、もう航空券をとったというので止めることはできません。

ただ、妻の言い分も十分わかりました。そして私が仕事で家族を犠牲にしていたのは紛れもない事実です。数日後、妻と娘は予定通り、帰国の途につきました。

そうして始まった単身赴任。豪華なコンドミニアムで1人で過ごすのは想像以上に寂しかったです。

平日は膨大な業務や接待・アテンド業をこなし、週末は寝るか、Netflixを眺める日々。とても空虚でした。

家族ってやっぱり大事なんだな、という当たり前のことをアラサーにもなって痛感するなんて思いもしませんでした。

気づいた「やりがい」の意味

1人の時間が増えると、自ずと自分のことを考える時間が増えていきました。

そしてその中で気づいたのは、「やりがい」を持っていたはずの仕事の陰で、「生きがい」を見失っていたこと。これは本当に声を大にして、伝えたい。そして同じように生きがいを見失う人が1人でも減ったらいいなと思います。

僕は家族と離れてはじめて、家族から生きがいを得ていたことを知りました。駐在任期は予定では残り3年。完走したら、その頃には家族の関係は崩壊しているだろうな。そんなことを考え始めていました。

私は決して仕事ができるタイプではありません。どちらかというと効率性を高めるより、とにかく目の前のものを体力と気力で乗り切るタイプでした。

起きている時間のほとんどを仕事に捧げる姿勢は、スタミナとメンタルがあるのでそれができるし、日系大手メーカーではすごく評価されるし可愛がられます。なんとか自分自身はそれで持ってきました。

独身なら別にそれでよかったのかもしれません。しかし、私には私の仕事の都合で一緒に日本を出て孤独な生活をしている家族がいたんだと、恥ずかしながらこの1人暮らしの期間に初めてちゃんと考えました。

駐在は憧れでした。そして駐在員になるという目標を達成する道のりとして、仕事にはやりがいを感じていました。

でも、今思えばその目標設定も間違っていたのかもしれません。だって、じゃあ駐在に行けたらその先どうするのか、そのビジョンはなかったのですから。

職業とかポジションはあくまで中間目標地点であって、その先の目標は抽象的なほうが幸せになれるのかもしれないな、と私は思います。

私の考えやスタンスが甘かったことに反論の余地はありません。でも、意外とこういう葛藤に直面している人って多いのではないかなとも思います。

就活ではある種、大上段に振りかぶるところがありますが、実際には「モテたい」とか、「なんとなくかっこいい」とかで多くの人は就職先を決めると思います。でも別にそれでいいと思うんですよ。

そして、働き始めて初めて違和感とか、違ったのかもしれないみたいな思いを抱きながらも、生活のため、家族のためと割り切る。もしくは転職をして環境を変える、みたいな選択をどこかで迫られるんだと思います。

そのときに、過去の自分にとらわれずにいかに正しい選択をできるかが大事なんだと思います。

私は駐在での日々を経て、過去の自分を否定し、自分を見つめ直し、「生きがい」を取り戻したいと強く思うようになりました。

そして決断「もう無理です」

私は東京にいる上司との面談の機会に、「帰任をしたい」という意思を伝えました。加えて、転職も視野に入れていることを伝えました。

その面談では回答は保留になりましたが、その後何度かあった面談の中では「帰任は認めるが転職はしないで欲しい」と色々な提案をしていただきました。いくつかの中にＤＸの部署への異動があり、会社には「それでお願いします」と伝えました。

２週間後に日本の上司から話があると電話がありました。

「今すぐＤＸへの部署への異動は厳しいから、帰任してから2年間はとりあえず元の部署で駐在前の業務をやってくれ」

話が違うし、キャリアにとって大事なアラサーの2年間を「とりあえず」という言葉で済ませようとした会社の態度に私の切れかかっていた糸がプツンと切れ、「ハイ」とその提案を承諾しながらも、絶対に転職することを決意しました。

転職活動

転職を決意してからすぐに転職した先輩や同期に連絡を取り、色々と相談に乗ってもらいました。

「転職活動をしたら死んでも転職しなきゃいけないわけじゃないんだからとりあえず転職

活動したほうがいいよ」

「エージェント何人かと話して、転職のスケジュールとかポイントを教えてもらったほうがいいよ」

「駐在期間中に転職すれば、駐在中の年収をベースにオファー金額あげられるから帰国前に転職したほうがいいよ」

たくさんの素晴らしいアドバイスをいただき、やはり持つべきものは友だなと再確認しました。

私はとりあえずAMBIとビズリーチとJACに登録し、1週間かけて言語化すると非常にチープに感じられてしまう経験やスキルを棚卸しし、職務経歴書を完成させて3つのサイトに登録しました。

すると、今まで自分が考えてこなかったタイプの求人がたくさん来ました。私なんかがこんな会社に受かるわけがないだろうと思うような求人もたくさん来て気持ちが高ぶったのを覚えています。

実際にビズリーチのエージェントとJACのエージェントの方何人かと面談をし、転職のスケジュールから意識すべきポイント等を教えてもらうだけでなく、面談とフィードバックを通して色々な求人を紹介いただきました。

最終的に外資系ＩＴ、外資系コンサル、国内コンサル、専門商社の合計4社に絞ってエントリーをすることにしました。

駐在での業務をしながらの準備は非常に大変でしたが、ちょうどコロナ禍の時期だったこともあって仕事は少なかったし、面接も全てオンラインだったのでラッキーでした。

最終的に2社（外資系ＩＴと専門商社）から内定をもらうことができました。両者とも駐在中の年収を考慮していただき、現職の国内給与よりもかなり高い金額のオファーを出してくれました。

かなり悩みましたが、転勤や駐在は冷静に考えたらもう懲り懲りだなと思ったので外資系ＩＴに転職をすることに決めました。

そして、私の転職活動は現職の国内給与＋１００万で決着しました。

※もともと低かったのもありますが（笑）。

転職を振り返って

転職してから半年は地獄のような日々でした。ほぼ未経験の業務だったのでキャッチアップするのに精いっぱいだったし、外資系特有のスピード感のある仕事についていけず、正直駐在と同じくらい仕事に拘束されていました。

なんとか、「ここが踏ん張り時だ！」という思いで一心不乱に頑張りました。

その甲斐あってか、半年を過ぎたあたりから比較的業務をスムーズに進められるようになり、余裕が出てきました。定時過ぎには仕事を切り上げられるようになり（と言っても繁忙期は忙しいですが）、家族で過ごす時間が増えました。

半年を過ぎて妻と「転勤もないんだしそろそろマイホームでも買おうか」という話になり、3か月間夫婦でたくさん話し合って都内の中古マンションを買いました。年収が上がったので、少し背伸びしたマンションを買いました。

3年程経ち、私の転職を振り返ると大正解だったと思います。理由は左記の通りです。

- 年収が約100万UPした
- 仕事は大変だが拘束時間が短くなった
- リモート可なのでフレキシブルに働ける
- ちゃんと使われているフレックス制度がある
- ポータブルスキルが付きやすい（メーカーと比べて）
- 転勤がないので人生計画が立てやすくなった

家族とのコミュニケーションが増えた

ただし、じゃあメーカーは悪なのかというとそんなことはなく、あの風土やスタンスが合っている人はいると思いますし、実際合っていた人はたくさんいました。

私のスタンスとは合わなかった。ただそれだけです。

そして合わなかったという事実を受け入れて、実際に自分のスタンスに合う会社を探して転職をしただけです。

やりがいってなんだろう

転職時に上司が口にした言葉を今でも鮮明に覚えています。

「なんでやめるんだ？　こんなやりがいのあるポジション、なんで易々と手放すのか」

「やりがいがあるかないか」は本人が決めることであって、上司や会社など他人が決められるものではありません。

私がいたメーカーはいわゆる大企業でした。事業規模や手がけている仕事が世の中に与える影響は比較的大きい。そんなところから「でかいことをやっている」＝「やりがいがある」と錯覚していました。

でも実際、やりがいは企業とか自分が関わるビジネスの内容なんかではなく、自分が生きがいを持って人生を送ることができているかどうかではかられるべきなんですよね。いくらでかい仕事をしていても、家に帰れない、転勤続きで定住できない、仕事のストレスで週末家族と過ごすのが苦、みたいな状態だと生きがいは全くないです。

中身のない虚構の「やりがい」を求めて、その陰で生きがいを見失う現象を「やりがい搾取」と言うとこのとき初めて知りました。そういう概念があること自体、もう日本はそういう社会になっているということなのかもしれません。

やりがい搾取を回避するためにはどうすればいいのか。答えは一つ。

「自分の軸」を持つ、ということだと思います。

私の場合、それは自分を含む「家族の幸せ」です。私は駐在経験で「家族が生きがいだ」ということに気づくことができました。キャリアとの向き合い方で行き詰まったとき、「やりがい」といった空虚な概念に惑わされず、自分の生きがいに向き合うことで道が開けるきっかけになると思っています。

Vol. 9

ベンチャー企業➡大手情報通信

アラフォーにしてベンチャーから JTCへ舵を切った男

哲二・40代前半

郊外のニュータウンに住むしがないアラフォーパパです。

私は大学院卒業後に新卒でベンチャー企業に入社し、6年勤めた後、独立した先輩につられてベンチャーから更に小さいベンチャーに転職をしました。そこで数年間働いた後、昨年、いわゆるJTC企業に転職をしました。

職種は元々エンジニア職ですが、これまで勤めたベンチャー企業は2社ともとても小さい会社だったのでドブ板営業も事業企画も経理も広報も幅広く経験があり、経歴は少し変わっているかもしれません。

これまで

私は関西出身で、東京の大学工学部卒業後、そのまま大学院でも研究を続け、26歳で東京のベンチャー企業に就職しました。

私が所属していた研究室の卒業生の多くが大手か外資系ITに就職していました。そんな中で私だけ進路が異色だったので、教授から「お前本当にそこでいいのか？　後悔しないのか？」と何度も聞かれて心配されたのを今でも鮮明に覚えています。

私が新卒でベンチャー企業を選んだ理由は、学生時代からその会社でインターンをしていたのでとても居心地がよかったのが大きいです。また、インターン先でちやほやされていて無駄に自己評価が高くなっていたことで、当時は「別に嫌になったら行きたい企業に転職すればいいしな」ぐらいにしか考えておらず、ベンチャーに行くリスクは全く考えておりませんでした。ですので、就活はほぼせずに安直に進路を決めました。

前述した通り、職種はSEでしたが、いかんせん当時は従業員が30人以下の会社だったので、営業や事業企画、時には広報業務や経理業務も兼務していたこともありました……。

バリバリ理系の私がプレスリリースの編集業務を手伝ったりと、今思えばよくやったなと思いますね。そして6年経った32歳のとき、独立をした先輩に引っ張られ、ベンチャーからさらに小さいベンチャーに転職しました。

不安がなかったかと言えば嘘になりますが、不安よりも「SEなのに営業から広報まで何でもできる自分の自信」のようなものが勝ち、そこまで生まれたてのベンチャーに行くのに抵抗はありませんでした。

1社目では色々経験した後、最終的にプロダクトマネージャーを担っていました。2社目では5年サービスマネージャーとして働き、昨年転職した会社では二つの新規事業のプロジェクトマネージャーとして働いています。

ベンチャーを去った理由

経験したベンチャー2社での仕事はとても楽しかったし、適当にふらふらと60歳ぐらいまでこんな感じのゆるゆるした働き方でもいいやと思う時期はありました。

小所帯だからこそ、知っている人しか社内にいないので気が楽だし、意思決定も早く、良い意味で会社っぽくない感じが好きでした。

そんな中で私がなぜ転職をしようと思ったのか。

理由は一言でいうと、スペシャリストになりたかったからです。

え、ベンチャーってスペシャリストになれないの!? と思われた方も多いと思います。極論、会社次第ですが、なれないケースも多々あるように感じます。

ベンチャーは身軽ではあるものの、基本的に自分たちでやり方を調べ、トライアンドエラーを繰り返して物事を決めて、ビジネスを立ち上げていきます。

端的に言えば、すべてが手探りなんですよね。それが面白さでもあるのですが、何年もずっとそれを続けていくと色々と感じてくることもありました。

いかんせん小さいベンチャー企業だと会社自体の方向性すらも手探り感満載なケースが多く、一つの分野やポジションでどっしり仕事をしていくスペシャリスト的な働き方の人は実はそんなに多くないんです。

将来への危機感

ビジネスが上手くいって会社の規模が大きくなり、採用数も増えていくと、「若い頃JTCでバリバリ鍛えられました」という人がやって来ます。そういう人を目の当たりにすると、やっぱり歴史ある会社で蓄積されたノウハウってすごいな、と思うことが多くありました。

たとえば彼らは、僕らがこれまで試行錯誤を重ねてようやく築き上げた仕組みをいとも簡単に作り上げるのです。基礎的なことがしっかりできるし、頭も良くて優秀なんですよね。

部下のほうが自分よりも優秀だなと思うこともありましたし、そんな人がどんどん外部から来たら、「もうおれの立場どうなるんだよ」と正直不安に思うようになりました。

将来的にこのままでは自分の立場が危うくなることへの不安もありましたし、新卒以来ずっとベンチャー勤め、このまま定年まで勤めて人生を終えたとき、何か後悔に苛まれる気もしてきたのです。

もっとスマートなプロセスやノウハウが存在するならそれをしっかり学びたい、と。

何者でもない自分

2社で様々な立ち上げに関わって、何者かになったような気がしていたのですが、実際の自分はただいろんな業務を広く浅くできる「何でも屋」だったと気づいたのです。

「この会社を何としてでも大きくしてやろう」なんて気概は個人的にはありませんでしたが、そういった思いの人たちと一緒になってわちゃわちゃ長時間仕事をするのは結構楽しかったです。

しかし、このままなぁなぁで複数の分野の知識を広く浅く持っているジェネラリストとして頑張っていくのではなく、これまでの経験を踏まえて特定の分野のスペシャリストとしてチームを引っ張っていくような人間になりたい。そう思うようになりました。振り返ってもこの気づきは結構大きかったと感じています。

苦難のアラフォー転職

転職を考え始めるとそれが表情や言葉尻に現れるのか、転職を始めて間もなく、仕事で繋がりのあったメガベンチャーからも直々にオファーのお話をいただきました。熟考しましたが、ある程度歴史のある大手企業で働いて専門性を高めたいという軸はブレさせず、丁重にお断りをしました。

とはいえ、アラフォーの転職活動は想像以上に厳しかったです。

第一志望だった大手メーカーは面接で落ち、第二志望、第三志望の会社は書類で落とされてだいぶ凹みました。もう少し若いときに転職をすべきだったかと少しばかり後悔し、1か月ほど転職活動をストップした時期もありました。

あるエージェントからは「あなたの能力は高いが、あなたより若くて同程度のスキルを持っている人もいる」とかなり直球な指摘もいただいたり……。

私の同い年の知人には、転職活動で20社に書類を出したという人がいます。彼曰く、「数打たないとかなりきつい」ということでした。

アラフォー転職に必要なこと

ただ、振り返るとアラフォーで転職が無理なのかというと、あながちそうでもない気がします。

まず事実として20、30代と比べて求人は少ないです。そして年齢が上がるにつれて、高い専門性やマネジメントスキルが求められます。

当たり前ですが、スキルが同等なら、伸びしろのある若い方を取るでしょう。比較したら総じて40代の方が転職の難易度は高いかもしれませんが、求人自体はあるので全く無理というわけではありません。

ベンチャーは小さい分マネジメント経験やプロジェクトリードの経験を積みやすく、そういった意味では転職に有利に働くことは多いと思います。私も早くして管理職になったので、管理職経験の長さは評価されました。

そして転職活動を開始して数か月、私はなんとか大手情報通信から内定を得ることができました。いわゆるＪＴＣです。

最終面談の後、人事の方との雑談の中で「この歳で転職は難しいのかなと思っていました」と言うと、「何歳であっても優秀な方は常に採用したいと考えています」とお言葉をいただきました。

こういう言葉はたとえ社交辞令であっても嬉しいですよね。年齢を言い訳にしようとしていたのは自分だったのかという気づきにもなりました。

転職適齢期を過ぎた転職

転職をして約1年。まだ期間は短いですし、最初は慣れないこともありましたが、総じて正しい選択ができたのかなと思い満足しています。

転職したばかりで優秀な部下がすでに何人も自分の下にいるというのは、なんとも慣れないですが、毎日がむしゃらに仕事と向き合っています。

コロナ禍を受けてリモートワークを取り入れた会社なので、いまは会議などで出社の指示がない限り、基本的に在宅での勤務です。在宅勤務はいいですね。自分の時間がとても増えました。

ＪＴＣだから風通しが悪いのではないかとか、理不尽なトップダウンが横行しているかもしれないとか色々不安もありましたが、そういったことは全て杞憂でした。

まあでも、ベンチャーからきた人間として、良くも悪くもＪＴＣっぽさを強く感じることもあります。入社後の研修は3日ありましたが、会社の歴史を学ぶ時間などが設けられており、正直これ本気出したら半日で終わるだろうという薄い内容でした(笑)。

あと、私のいまの業務に関わることで言えば、とにかく関係者が多いので意思決定はめちゃくちゃ時間がかかります。その分、何かを決めるときは社内の人間関係を見極めて根回しが必要だったり、本質的でない社内政治的な部分に神経を使うのがなんともＪＴＣらしいなと思いました。

ただ、そういったことはある程度想定していたので、期待外れとかそういう思いはありません。あとは年功序列だったり、福利厚生が異様なぐらい充実しているのも、思っていた通りだなぁという印象です。

年収の話

まず転職前の年収はだいたい1、000万円でした。

そして現職では、まず月々の時間外労働やボーナスによって幾分変動は考えられますが、前職から年収ベースで100万円ぐらいは上がる見通しです。

実は転職する上で年収アップはマスト条件ではありませんでした。理由は二つあって、一つは妻も東京の会社で働いているので、郊外で暮らす分には正直私の年収は1、000万円あれば家族は生きていけるだろうなという算段だったこと。

もう一つは、年功序列なので業績や評価にかかわらず一定の水準で毎年給与は上がり続けることが見込める点です。

ある程度先が見通せるというのは大きな意味を持ちます。前職はとにかく不安定な環境でした。極端ですが、来年には会社がないかもしれないという感覚と常に向き合っているような生き方です。

うちは1男1女の2人の子供がいますが、妻はかなり堅実な性格なのでいつ何があってもしばらくは生活水準を変えずに暮らしていけるように貯蓄をしていました。

直接的に話し合うことはありませんでしたが、不安定な働き方ゆえに色々と家族には心配をかけていたのだと思います。なので最初、妻に転職の話をしたときは想像以上に喜んでくれました。心配事がなくなるわけですからね。

年収面では特段希望も伝えず内定まで行きました。そして人事との面談で、年次と役職で機械的に年収が決まると伝えられました。結果、年収アップです。

● ＪＴＣの良さ

ＪＴＣってX界隈で結構悪く言われがちですが、いい面もたくさんあると思うんです。もちろん年功序列とか、派閥、社内政治、面倒な文化、働かないおじさん、頑張っても報われない、などおかしな点も多々あります。

でも近年でいうと働き方改革が国主導でどんどん進み、加えてコロナ禍によるリモートの推進によって、業界にもよりますが多くの大企業ではだいぶ働きやすくなったという印象です。

そして、創業から長い歴史の中で蓄積されたノウハウやオペレーションの仕組みはバカにはできません。また、規模が大きい分、能力が高く、優秀な人も結構いたりします。

転職を考える上で「ＪＴＣはなぁ……」と思っている方、物事を一括りにして可能性を狭めないでください。考えようによっては全然ありな選択だと思います。私のキャリアはかなり異色で、正直華々しいものではないので、これを読んでいただいた方の中には賛否あるだろうなと察します。まあ、それはそれでいいです。

こんな私から何かお伝えできることがあるとすれば、ＪＴＣへの転職というのも検討の余地はあるということです。企業の規模などで判断せず、まずあなたがどういう軸でキャリアと向き合っていきたいか考えるのも手だと思います。

こんなキャリアもあるのか、こんな考えもあるのかと少しでも皆さんの参考になれば幸いです。

Vol. 10

総合商社⬇リクルート⬇海外で主夫!?

異色のキャリアを歩む男が大切にしている価値観

リチャ・30代後半

私は新卒で住友商事に入社し、その後リクルートに転職。そして最近までロンドンで「主夫」をしていました。

現在はフリーランスのコーチとして、主に日本の経営者や管理職層のビジネスパーソンに伴走しています。住友商事に入社した頃には、自分が今のような境遇で生活していることは全く想像しませんでしたので、人生とは数奇なものです。

主夫になった経緯も、後ほど詳しく書かせていただきます。

実は私、日本とイギリスのハーフです。大人になったら日英の架け橋になるような仕事がしたいと幼少期から思い描いており、就職活動では「世界を股にかけて大規模なビジネスに従事する」という思いがありました。

大学では、所属するラグビー部の先輩たちが総合商社で活躍している様子を聞いていて、稼ぎが良いとも聞いていました。漠然と「大人になったら稼ぎたい」と考えていたので、文系就職の「花形」と言われていた総合商社一筋に絞って就活に取り組みました。

簡単に主夫になるまでのキャリアをまとめると、1社目は6年弱勤めて転職し、2社目では7年弱の間働きました。2社目のリクルートの退職から約1年前に妻に対して海外赴任の打診があり、リクルートでの最後の1年間は区切りに向けたラストイヤーという意識で働いていました。

この話を書こうと思った理由

総合商社から飛び出す決断をし、2社目のリクルートを辞めて主夫になった経緯をお伝えすることで、自分と同じような悩みを抱えている誰かを勇気づけることになるのではないかと感じていました。

特に、かつての自分のように、夢に見た大手企業に就職しながらも燻っている若い人や、家庭とキャリアの両立に苦しんでいるビジネスパーソンにはぜひ読んでもらいたいです。

人生において価値観はライフステージとともに変わるものであり、周りの評価やかつての夢に縛られて生きる必要はないです。

自分がそのとき思うベストを追求すれば良いのだと、私の経験を通じて皆さんにお伝えできればと思います。

ラグビー一色だった学生時代

私は大学時代、ラグビー部の活動に明け暮れていました。高校時代は男子校に通い、ラグビー部では恐い監督にしごかれていたので「大学ではテニスサークルに入るんだ」と心に決めていた私ですが、熱心に勧誘してくれる先輩たちが楽しそうにラグビーをやっている様子に惹かれ、気づいたら入部していました。

部員数は15名ギリギリで、キャプテンがコーチを兼任するような弱小チームでしたが、そのような自主的に運営する環境での経験は、その後の転職活動で自分をアピールする材料となりました（卒業時には部員数は30名を超え、現在も部の伝統は続いています）。

「世界」を意識した就活

就職活動では、「世界を股にかけて活躍したい」と考え、その思いが叶うフィールドを求めました。文系学生にとって、メーカーは理系出身者が主役で、金融業界はなんとなくとっつきづらいイメージがありました。

一方で総合商社は、自分たちの主導で複数業界の様々なステークホルダーを束ねて（あるいは根回しをして）、大きなプロジェクトを推進する役割を担う立場だと捉えており、とても魅力を感じていました。

自分が場を取り持って大きなことを成す、プロデューサーのような役回りに憧れがあったので、そのように感じていたと思います。

無事、住友商事から内定が出たときは誇らしい気持ちで胸がいっぱいでした。自分のこれまでの頑張りが、そして自分のポテンシャルが大企業のお墨付きをもって認められた、と感じました。

いま思えば、当時は正直に言って調子に乗っていたと思います。謙虚でいるべきとわかっていても有頂天な気持ちを隠せていなかったかもしれません。

配属云々にかかわらず、きっと自分が想像していた「世界を股にかけるかっこいいビジネスパーソン」になれると思い、とにかく嬉しかったことを記憶しています。

さっそく抱いた違和感

入社後の研修では、同期入社のメンバーとすぐに打ち解け、持ち前のリーダーシップでグループ活動では率先してリーダーを務めていました。講師の方にも一目置いていただいたのではないかと思います。

ですが、配属を迎えるとすぐに「なんか思っていたのと違う」と感じ始めました。

配属されたのは、住商でも特に伝統的な部署である金属事業部門油井管事業部。当時80名近くが在籍する、トレードとしては社内最大規模の部署です。

右も左もわからないまま、ガチガチの上下関係やメーカーとの関係に入社早々に巻き込まれていった感覚でした。

2年目以降は後輩ができたことで自分の成長スピードが遅いことや、どうにも仕事に身が入っていないことを思い知りました。

学生上がりの新人よりは英語もできるし、メールも書けるし、仕事や飲み会のアレンジもこなせるわけですが、本業でのパフォーマンスが伴いませんでした。

「なんであの案件はこんな着地になるんですか？」

部内の飲み会から独身寮への帰り道、タクシーの中で後輩からこんな質問を受けたことがありました。でも、当時の私はその答えがわからなかったですし、なんならどうでも良いとすら思っていた記憶があります。

そのことが悔しいというか残念というか。こうやって書いていると、いまでもあの頃のなんとも言えない気持ちを思い出します。

仕事に身が入っていないとは言いつつも、自分の担当である中東や東南アジアの国の顧客先への出張や、和歌山や尼崎にあるメーカーの工場への出張など、エキサイティングな機会も多くありました。

中でもミャンマーとパキスタンへの出張は私がいた部署からは数年ぶりの訪問でした。当時、東京に勤務していた人はだれも行ったことがない場所だったので、ワクワクしたことを思い出します。

転機となったシェール革命

2014年の暮れにシェール革命がきっかけとなり、原油価格が大暴落しました。石油やガス業界を顧客とする仕事だったので、在籍部署の業績は大打撃を被りました。

それまでいけいけどんどんだった雰囲気は一変して、「顧客が注文をキャンセルする」とか「大幅な値下げを要求してきている」など、これまでの比ではないレベルの一大事が毎日襲い掛かるような日々に突入しました。

そして自社が契約を持っていなかった超大手企業が、鋼材価格の下落を機に超大型長期契約の競争入札を発表しました。全世界で石油・ガス開発を手掛ける同社向けの入札に挑むため、私の部署と各国の関係者で恐らく合計200名近くが巻き込まれて参加しました。

突然降って湧いたこの入札への書類を準備するために私は先輩と2人で会社の近くに自腹でホテルを確保し、早朝から深夜まで寝ずに働いて取り組みました。

また、シェール革命の影響で住商は2、700億円減損が発生し、2014年度は通期で850億円の赤字となりました。減損は私と関係のない部署の投資案件でしたが、「俺たちが稼いだ金がこんな形で吹き飛んでしまうのか」と虚しい気持ちになりました。

前述の大型入札の話と並行して、自分はもう二つのちょっとしたプロジェクトに携わっていたのですが、いずれも自分の力量ではうまく進めることができず、自分のミスから多方面に迷惑をかけてしまう事態にも陥り、完全に挫折を味わったのもこの頃でした。

「辞めたい」と思いながら葛藤した日々

当時は完全に精神的にも疲弊し、毎日「いっそ辞めてしまいたい」と嘆いていました。同期入社の同僚と、職場である晴海トリトンスクエアから少し離れたご飯屋さんまでランチを食べに行き、コーヒーを外で飲みながら傷をなめ合っていました。

それでも、実際に辞めたところで今よりやりがいを感じていきいきと働けるだろうか。年収が下がって苦労が同じでは意味がないのではないか。

そんなことをうじうじと悩んでいた記憶があります。

当時結婚していましたので妻にも相談していました。妻は毎日辛そうにしている私を見て「そんなに辛いなら、家計はなんとかなるから辞めてもいいよ」と話してくれていました。

妻の言葉からは、全く仕事が楽しそうでない私を見るのが辛いんだろうな、という思いが感じられました。

転職を決意した瞬間

そんな厳しい状況だったので、転職は常に頭にありました。ただ、やはり高い給料がなくなってしまうことへの大きな不安はあったと記憶しています。

当時27歳くらいで、各種手当を含めた収入は1、000万円にあと一歩という水準でした。転職したら大きく下がることは明白でした。

年収を一度下げたあと、「得られたはずの収入」と現実の差がどんどん広がっていくのでは、ということが不安でした。

そこで私は、最終的には転職後の下がった差額は「分不相応な収入」と捉えることにしました。つまり、私は年収数百万円分を支払うことで、健全な心と楽しく生きられる日々を得られるなら十分にペイすると考えたのです。

2015年春のある日、昼休みに会社の近くでコンサルファームに転職した先輩とバッタリ会いました。少し前まで同じチームで一緒に仕事をしていた人で、ベンチに座って少し話をしました。

「お前はこのままじゃ芽が出ないもんな」

このとき、本当に何の悪気もなしにその先輩から言われた一言のおかげで、なんだか気が楽になりました。

同じ場所で雨風に耐えていつか立ち上がれる日が来るのを待つのではなくて、自分で自分が輝ける場所を探すんだと。そう理解をし、あの日、転職を決意しました。

業界や収入に拘らずに転職先を探そうと決意し、妻も応援してくれていました。

リクルートへ

転職活動ではまずブライダル業界をみていました。友人の結婚式の余興をプロデュースすることが得意で大好きだったこと、自分の結婚式が人生で最も良い思い出だったことなどが理由でした。

ただ、働き方の観点から勤めるのは難しいことがわかり、除外しました。

次に見たのは教育系のベンチャーです。中高生にプログラミングを教えるテックキャンプ事業のスタートアップに入社を希望しましたが、当時の私のスキルと経験（BtoBの仕入れ業務）では受け入れてもらえませんでした。

最終的に、リクルートに転職していた元同僚から誘われる形で、前職（旧リクルートキャリア）に行くことを決めました。
総合商社で苦悩した経験は、転職エージェントとして活動する中でハイクラスの候補者とお話をするときに非常に役立ちました。

自分が住商出身であることがわかると、企業の担当者や役員の方の目が変わったことも感じました。

年収についてはある程度割り切っていて、希望額として、一度はどれだけ下がっても構わないと覚悟を決めましたので、６００万円以上あればよいと考えて活動しました。

転職エージェントに転職後、20代後半で「６００万円以上」でも平均よりは十分高いのだと改めて認識しました。もちろん、いつかは転職前の水準に戻したいとも考えていました。

年収をキープできる転職先は同業他社かコンサルファームしかありませんでしたが、同業への転職は考えておらず、コンサルに行ってさらにハードワークを求められる環境で修行し直す気持ちもなかったです。

転職先が無事決まり、「ここならば自分の思いが叶えられるのでは」ととにかくワクワクした気持ちでした。

最終面接では当時の事業本部長に自分が抱いている問題意識や熱意を伝えていましたの

で、それが受け止められたと感じました。

自分のように大企業で燻っている人を、いきいきと働ける環境に導くことでそれぞれが燃え上がり、日本中が元気になっていくために頑張るぞというイメージを持っていました。

退職時の周りの反応

同僚や友人の反応は「よく決断したね」という感じでした。

同期入社の近しい友人たちは私が苦悩している様子を見ていましたので、自分が思いを持ってリクルートに飛び込んでいくことを応援してくれていました。

中でも「俺には真似できない……」という反応と、「俺もいつか」という反応に分かれましたが、もちろん、商社で引き続き頑張っていくという前提の仲間もたくさんいました。上司には、退職を切り出したときにすでに意思が固まっている話だとして伝えていたので、その場で受け入れてもらいました。もし現在の仕事内容や部署に不満があるという理由ならば、異動という手もあるんだよという話をされましたが、そうではなく自分のやりたいことはほかにあるということを伝え、理解していただきました。

「もう少し我慢すれば海外赴任してやりがいを見出すチャンスもあったのになぁ」とも言っ

ていただきました。

ただそれでは遅いし、そのときには家族に負担を強いていることになってしまうのも商社を辞める決断の背景になっていたので決意は揺らぎませんでした。

転職の相談をしていた先輩に「転職エージェントになる」と告げたとき、「リチャは優しい人間で、人一倍苦しんでいるからこそ、きっと良いエージェントになれると思うよ」というありがたい言葉をいただいたことをよく覚えています。

その言葉があったので、2社目のリクルートで長らく鳴かず飛ばずだったときも「自分はいつか上手くいくはず」と謎の自信を胸にがんばり続けることができました。

主夫になった経緯

さて、リクルートで働き始めて6年目、妻が勤務先でロンドン駐在の打診を受けました。

私は転職エージェントとして多くの駐在案件を扱っていたので、ロンドン駐在がどれほど希少性の高いものか理解していました。

ロンドンのような欧米の駐在はとても人気ですし、仕事内容も英国内だけではなく欧州全体のとりまとめのような意味合いもあります。2度の育休のブランクがありながら、海外赴任の候補として白羽の矢が立つくらい妻が評価され期待されていることも人一倍理解していました。

もしここで妻が海外赴任を断ったら、その案件は彼女の後輩などにスライドします。その後輩がたくさん活躍して経験を得て大きくなっていく一連の過程を、彼女は日本から見届けなきゃいけないのです。

そういうことまで考えると、私がここでYESと言わないことはとても良くないと思いました。

私が商社にいた頃は、いずれ自分が海外駐在をするため妻を帯同するものだと当たり前のように考えていました。結局、その立場が逆になっただけです。

そして冒頭にも書いた通り、イギリスは父の出身国であり、私のルーツとも言える場所です。素直に「面白い縁だな」と感じました。

当時、私はリクルートに勤めており、もう1年あれば昇進できる可能性も見えてくるかどうかくらいのタイミング。マネジメントを経験してみたいという名残惜しさはありましたが、家族全体にとっては、妻の海外駐在を断るよりも、僕が辞めて彼女についていったほうが面白い未来が待っていると思いました。

そんなわけでリクルートに入社して約7年後の22年10月に退職しました。

今は妻に帯同される形で、家族4人でロンドンに住んでいます。

これまでのキャリアを振り返って

結果的に現在は妻の海外駐在に帯同されていますが、これは1回目の転職がなければ到底実現し得なかった状況だと思っています。

リクルートという会社で様々な同僚や求職者、企業とお付き合いする中で「色々な人生があるのだな」ということを実感しました。

そして、世間一般の言う「まともな道」を歩む必要は全くないと考えられるようになりました。

この経験のおかげで、「主夫になる」という大きな決断を躊躇なく下すことができたと感じます。

7年間の転職エージェント経験を活かし、今はエグゼクティブコーチ[*11]として活動しており、帰国後には法人設立も視野に入れています。こういった考えも2回の転職を経験したからこそだと思います。

極端な話をすると、転職のデメリットは「現職での出世の道が途絶える」以外にはあまりないと言えると思います。

実用的な所では「新しい環境に順応する大変さ」や「転職直後はローンが組みづらい」など様々なものがありますが、人生100年時代に、1社での就業経験しか持たないキャリアでは心もとない状況になってきたと思います。

もちろん、無闇に「転職すればいい」と喧伝するつもりはなく、慎重に検討を重ねることは大前提です。

皆さんに伝えたいこと

転職は自分の価値観を大切にして生きるための手段の一つです。そしてその価値観とは、人生のステージが進むにつれて大きく入れ替わるものです。

現在の職場に留まることで、自分の価値観と衝突する生き方を強いられている場合には転職は積極的に検討すべきアクションの一つになります。

一方で、もし「転職したいなぁ」との考えが頭をよぎるとき、自分の努力が足りている

＊11 経営者や経営幹部などエグゼクティブ層に対してコーチングするコーチ

のかどうか、自分の中の弱い部分が顔を出して逃げ道を探しているだけではないかを冷静に見定める必要があります。

信頼できる同僚、友人、家族、恋人など、「素の自分」をよく知る相手に素直な気持ちを打ち明けて相談することをお勧めします。

Vol. 11

自動車部品メーカー⬇コンサルティングファーム

給料と環境の大事な話

栗林・30代半ば

この章で私が一番伝えたいこと、それは「給与は自分の能力や仕事内容ではなく、環境で変わる」という点です。今の仕事に一生懸命向き合っているけど年収や待遇に満足していないという人には、ぜひ読んでほしいと思っています。

メーカー一択だった就活時代

私の地元は自動車産業が盛んな地域で、父も祖父も、親族も全員自動車関係の仕事に就いていました。子供の頃から、自分もいずれ社会に出たら自動車関連の企業に入るものだと思っていました。

高校まではサッカー部に所属し、一時期はプロを目指すほどのレベルでやっていましたが、長い膝の怪我に悩まされ、その道を諦めました。目標を失い、ちょうど反抗期も重なって全てが嫌になり、東京に出て外の世界を知ってみたいと思うようになりました。

高校卒業後は首都圏の国立大へ進学しました。適当に入ったサッカーサークルでたまにサッカーをして、たまに酒飲んで、適当に経営学のゼミに入って、そんな感じで、いわゆる平均的な学生生活を送っていました。

人並みに勉強にもサークルにもバイトにも恋愛にも打ち込んでいたら、特に何も大きなイベントがないまま、あっという間に大学3年生の就活の時期になり、合同説明会が始まりました。

合同説明会などに参加して思ったのは、やはり自動車メーカーは学生に人気の業界で、「福利厚生が良い」「安定している」などの特徴が魅力的でした。事業内容でも「彼らの仕事が日本を支えているのか」と誇りにすら感じました。

そんな流れから就活は自動車関連の企業を片っ端から受けました。最終的に、比較的志望度が高かった大手自動車の部品メーカーから内定をもらい、入社を決めました。

地味な新人時代

メーカーの新人時代といえばまず工場研修ですよね。毎日同じような作業を永遠に繰り返して、研修開始から1週間後には「あれ、おれ働く会社間違えたかな」と少し思って心が折れそうになりました。

現場のおじさんたちも強面で声の大きな人たちが多く、最初はコミュニケーションをとるのも一苦労でした。

入社前に知り合いだったメーカー勤務の先輩に、工場研修で現場のおじさんたちから「本社から来たエリート」だと邪魔者扱いされてキツかった話を聞いていたので、最初から地を這うぐらい低姿勢で接していたら段々とおじさんたちのほうから「クリちゃん、クリちゃん」とフランクに話しかけてくれるようになり、結果的に町の飲み屋に連れていってもらうほど気に入ってもらいました。

実際の日々の作業はまじで辛かったので記憶から抹消され、工場研修の思い出はビール飲んで焼き鳥を食ってたことぐらいしか正直覚えていません。

研修後の配属では、特に希望がなく人事との面談で「どこでもいいです」と言っていたからか、売上や損益の分析、予算進捗・固定資産の管理、見積もり業務などを担当する内勤メインの部署に配属となりました。

同期の多くは調達や営業の部署に配属をされ、それらの仕事に比べて業務が非常に地味でした。同期飲みで彼らの仕事の話を聞くと自分がいる世界はとても狭く感じ、早々に異動をしたいと考えるようになりました。

「焦り」

1年目の後半から異動したい欲が日に日に増していく中で、2年目の途中から事業企画部に異動となりました。ようやくあの地味な事務作業から抜け出せるぞ。上司から異動を伝えられたときは心の中でガッツポーズをして、その日から一気にモチベーションが上がりました。

ただ、現実はそう甘くはありませんでした。異動先の仕事も結局バックオフィス業務がメインで、更に部門を超えた調整業務も多く、簡単に言うとレベルの高い雑務が増えただけでした。

「なんだよ、やってることあんま変わってないじゃんか」

心の中で叫びながらも、これも若いうちの経験だと割り切ってとにかく目の前の仕事をこなすことを意識するようになっていました。

それでもやっぱり心のどこかに「これでいいのだろうか」という思いはありました。なぜかというと、同期ではすでに海外事業に携わり、国内外に出張に出て、外でいわゆる「デカい仕事」をやるような人が出てきたからです。

同期との飲みや、SNSなどでそういう同期の近況が逐一入ってきてそれがプレッシャーになっていましたし、「プレスリリースに載るような案件の仕事を担当している同期は日々モチベーション高く仕事をしているんだろうなぁ」と、隣の芝が青く見えてよく虚しい気持ちになりました。

まわりが大きな仕事を任されるようになる中で、俺は細々とした地味な業務をしていて、日々過ぎていって、こんなんでいいのか。そんな焦りがじわじわと自分の中で湧き上がってきました。

思い切って海外へ

そんな思いを断ち切ろうと、私は年数回ある上司との面談で、海外駐在の希望を出すようにしました。希望を出すだけでは気持ちが伝わらないと思い、TOEICも780点→960点までスコアを上げてアピールしました。するとその後、事業企画の中でも海外事業を担当するグループに異動となり、その1年後の社会人5年目で意外にもあっさりと米国駐在を拝命しました。

駐在先でのロールはメーカー駐在員ではよくある、いわゆる「何でも屋」でした。コーディネーターという訳のわからない役職で、事務・総務業務を中心に、事業が上手く立ち上がったり、回ったりするように様々な部署を巻き込んでミーティングをセットしたり、日本語と英語の両方で議事録を書いたり、意味のないリサーチレポートや分析資料作りをしたり、系列会社の駐在員の方々が参加するイベントの企画・運営をしたりと、やることは多岐にわたりました。

仕事自体は嫌いではなかったですが、とにかく雑務中心で仕事量が多くて、残業が多くてひたすらにしんどかったです。

日本にいるときは残業時間を割と厳しく管理されていたので、サービス残業は若干していましたが労働時間はそこまで長くなく全然許容範囲内でした。しかし、海外駐在に出たと同時に「残業」という概念がなくなり、私という人間のサブスクリプションが開始されました。

明らかに1人が定時内に処理できるはずのないボリュームの業務が次々に振られるだけでなく、現地時間を無視したミーティングの設定や国際電話には非常に悩まされました。

当時はすでに結婚していて子供もいましたが、深夜に帰宅し早朝に出勤する日々が続いてろくに子供と触れ合う時間も持てませんでした。

そんな超多忙な要因の一つが、とにかく「働かないおじさん」がいたせいでした。役職だけそれっぽいものを当てつけられ、年次もまあまあいってるのでそれなりの給料をもらいつつも、全く主体的に動かないし手も動かさないので本当に辛かったです。

加えてもう一つ「辛いな」と感じていた要因は、前述の通り「何でも屋」だったことです。結局事務から何まで自分で担当するので、なんかやってる感触は持ちつつも、結局、何一つ専門性もついていないような気がし始めました。

そんな感じで少しずつ仕事に対する違和感を抱きつつも、かゆい所に手が届くというか、やりたいけどやりきれない所を私がサポートするような役割だったので社内外で感謝されることは多く、仕事に一定のやりがいは感じていたので一旦は続けることができました。

転職のきっかけ

駐在に来て2年が経ち、「なんか違うよな」と不満を持ちつつも、ほぼ惰性に近い状態で仕事を続けていました。不満はあっても今の自分ではこの会社でそれなりの給料をもらっているのが限界なんだろうと納得はしていました。

そんな中で転職を決断したキッカケとして、まず昇格試験に呼ばれなかったということがありました。

上司に告げられた理由は「上が詰まっているから」。

他業界でも同じような話は聞くので、まあよくあることなのかもしれません。でもこれだけ自分なりに一生懸命仕事に向き合い、頑張って実際に結果も出していたのに、「上が詰まっているから」と一言で切り捨てられたときは自分の中の何かがプツンと切れた感覚がありました。

そんなこっちがどうしようもない理由だけで昇格試験にすら呼ばれないのは本当にクソだと思ったし、適正に評価されていない気すらしました。会社で今後何年も働き続ける自分の姿を想像できなくなり、途方に暮れていたとき、超絶優秀で出世街道を爆走していた先輩が突如、依願退職をしました。

フランクに連絡をとれる間柄だったので驚いて電話で退職理由を聞き出すと、その先輩は管理職が詰まっていて昇進のスピードが遅いことへの不満を口にしました。

出世街道のど真ん中にいたことは事実でしたが、同業他社に比べても給料の上がるスピードが遅く、一方で仕事量や責任だけがどんどん膨らんでいくことにストレスを抱えていた印象でした。辞めた背景がそれだけではないにしろ、私が当時感じていた違和感と合致し、転職をして違う環境に行くという選択を本格的に考え始めるきっかけとなりました。

転職するか否か

実際に転職を考えるようになってからは、終業後や休日に転職サイトに登録しては少しずつ情報収集を始めました。転職が具体的な選択肢になると不思議なもんで、仕事で嫌なことがあってもどこかで「まあ、辞めればいいし」と心の余裕が生まれて、この時期は意外と色んなことが順調でした。

ただ、実際に転職をするとなると家族の理解があるかどうかはとても重要なポイントになります。妻に相談すると「なんでこんな安定した大企業を出るの?」とはじめは猛反対されました。

彼女は、会社が嫌になったとしても今後倒産することは絶対ないし、出世しなくても昇給は保証されていて、終身雇用も保証されているんだからなんで一瞬の不満だけであえてリスクを取りに行くのかと問いかけてきました。

実際、妻の言っていることも一理あることはわかっていましたし、結婚して子供もいる以上、僕の一存だけで何もかも決めることはできません。

たまたま休暇中に帰省して父と食事をしたときにも転職を考えていることを話したら猛反対されました。転職に失敗したらどうするんだ、日本を代表するような企業で働けているのに高望みしすぎだ、自惚れるなと、むしろ叱責されました。

その都度、自分なりに転職のメリデメを丁寧に考えて、何が最適な選択かを考えました。毎晩のように妻に自分の考えを話していく中で、最終的には「そこまでしっかり考えているなら、あなたの好きなようにすべき」と妻だけは了承してくれました。

妻の理解を得られたのはとても心強かったです。

よく転職する際にこれまで頑張ってきた「サンクコスト」をどう考えるかという話があると思います。実際、これは少し思いました。

一時はこの会社に骨を埋める覚悟で頑張ってきましたし、実際に自分の実績が認められて海外駐在も叶いましたし、上司も評価してくれました。

ただ、冷静に考えたとき、70歳まで働く前提でまだ当時はアラサーでした。数年しか働いていなかったし、長い目で見たらこんな実績はちっぽけなものだと感じて、最後はサンクコストなんか考慮せずに自分の道を進むべきだと考えました。

見えてきた道筋

転職サイト（リクルートエージェント、ビズリーチ、アクシスコンサルティング）に登録をした後、エージェントなど何人かと複数回面談をしました。面談したエージェントの中でも、アクシスコンサルティングの担当者が「ＰＭＯ（Project Management Office）」なら今までの経験を活かしながら年収ＵＰも狙えるかもしれないと新しい切り口から助言をくれました。

また、「メーカーで何でも屋をやりつつ物事を前に進めて行ったそこを売りにしてＰＭＯとしてコンサルに入り、経験を積んでからＰＭ業務を経験し、今までの経験をプロジェクトマネージャーという形で締めくくるのも一つの手です」と転職後の具体的なキャリア形成の提案もしてくれました。

私はこの担当の方を信頼すると決め、薦められたコンサルを数社受け、結果的に2社から内定を出してもらいました。

メーカーからコンサルというキャリアで不安を感じていなかったと言ったら嘘になります。コンサルは実力主義なイメージが強かったですし、失敗すればこれまで築き上げてきたものが一気に崩壊するのではないか、とすら思うこともありました。

一方で、色々な要素を考えていく中で、キャリアの連続性ということも一部あり、加えて年収が現状＋今後もかなり上がる見通しだったので、収入面でも非常に満足し、現職をこのまま惰性で続けていくことと天秤にかけて、最終的に転職をすることを決断できました。

一時はあれだけ反対していた妻も私の選択に納得をし、喜んでくれたのを見て自分が目指すべきキャリアの道筋が見えてきた気がしました。

大騒ぎになった家族

転職がうまくいったものの、頭を抱えたのが父への報告でした。

先ほど書いたように、帰省中に転職したい旨をすでに伝えてしまっていた以上、退職する旨も伝えるのが筋だと電話をしました。結果、また猛反対されました。

「絶対後悔するぞ」「お前1人の人生じゃないんだぞ」「そんな聞いたこともない会社に行くな」

一つ一つ転職する理由を改めて論理的に説明しましたが、父はまだ説得できる余地があると思ったのか、とにかくあの手この手で転職を思いとどまらせようとしてきました。

父との3時間に及ぶ電話が終わった後、深夜に伯父から電話が来てたまげました。おかしな話ですが、私が転職することで「あいつが訳わからないことを言い出してる」と親族中が大騒ぎになっていたのです。

伯父は自動車メーカーに勤めて、少し前に定年退職をしています。私が就活で内定をもらったときは泣いて喜んでくれて、「誇りだ」「おめでとう」と何度も言ってくれました。

その伯父からもなんで辞めるのか、本当に良いのかと淡々と説得を受けました。父とのやり取りで多少イライラしていましたが、このままこの会社にいても自分の未来が想像できないこと、あくまで長いキャリアの一選択として今の転職を考えていることを伝えました。

冷静な伯父は最終的に「まあ、俺たちの頃と時代が違うからな。もう一つの会社で勤め上げる考えは古いよな」と納得を示してくれ、最後は「頑張れよ」と応援の言葉をくれました。

辞めて感じるのは、前職の偉大さです。ここまでグローバルに認知されている日本企業って決して多くないはずです。なんだかんだこの会社でファーストキャリアを築けたこと自体は本当に良かったとも思っています。

紆余曲折ありましたが、その後、伯父が父をなだめてくれたおかげもあり、結局父はなんとか私の選択に納得してくれました。

あっけない退職

退職をする旨をまず上長に伝え、すぐに部長と面談をしました。辞めると伝えたとき、部長は驚き、「本当にいいのか。もったいないと思うぞ」「昇格できる能力も実績もあるから、来年絶対に昇格させてやる」と言われました。

引き留める口実だったのでしょうけど、私は彼の言葉に違和感を覚えました。シンプルに、昇格できると思っているなら、なぜ今しない。なぜ今までもしてこなかったのか。これまでのことを踏まえてもう私は会社を信用できませんでした。

それに、この面談で私は「退職したい」と相談をしにきたわけではなく、「退職する」という報告をしにきました。私の決意が堅いことを察したか、部長は引き留めを諦めて、その場で退職を了承してくれました。

喜びと同時に、「転職って、意外とあっけないんだな」とそのとき感じました。

転職を振り返って

転職してから早くも4年が経ちました。転職の選択に後悔があるのかどうかという点については、いまも後悔は一切ありません。重い足を一歩踏み出してみて、外の世界に出て様々な価値観に触れられたことは本当に良かったと思っています。

業務内容でいえば、メーカーの中での「何でも屋」的な立ち位置から、請負会社としてのメーカーの何でも屋の立ち位置に変わっただけでした。もちろん諸々の業務のきめ細やかさやレベル感は上がりましたが、やることの本筋は変わらないのに年収はかなり上がりましたし、休日はしっかりとれて有休取得も保証され、比較するとかなりホワイトな働き方になりました。

メーカー内で新卒からの生え抜き社員として関係者を集めたりケツを叩いたりして物事を前に進めるよりも、外部のコンサルとしてそれらの業務をやったほうがメーカーの人たちは機敏に動いてくれるので若干精神的な負担も減った気がします。

転職してすぐはやはりパワーポイントのスキルやエクセルスキル、議事録スキルなどのレベルが低くて苦労しましたが、やっていくうちに慣れてレベルアップすることができました。問題解決スキルも日々の業務を通してだいぶモノになってきたかなと感じています。

ＰＭＰ（Project Management Professional）という国際資格も取得し、プロジェクトマネジメントという手堅いスキルを自分のキャリアに組み込めたのも非常に良かったです。また、社内におじさんが少なく平均年齢が若いため、皆が頑張って働いていて、刺激も多くてとても充実した環境です。飲み会で社内の同年代の方々と話すのがとても楽しく、自分が積極的に社内の飲み会に参加する日が来るなんて思ってもみませんでした。

初めての転職は不安もあり少し勇気がいりますが、実際に転職をするとサンクコストの呪縛から逃れられやすくなりますし、自分で自分の人生を前に進めるという「自走力」を身につけられると痛感します。

年収の話

皆さんはこの章の冒頭で私が書いたことを覚えていますでしょうか。それはズバリ、「給与は自分の能力や仕事内容ではなく、環境で変わる」ということ。

これまで書いてきた通り、一生懸命仕事に向き合い、膨大な仕事量をこなして結果を残しても、実際は給与に反映されず、適切な評価もされないことへのストレスが私の転職の原動力でした。一般的にみて、メーカーは他業界と比べると年収は低めです。

就職前は、ホワイトで仕事量が少ないことがその理由だと思っていました。実際そういうことも企業や部署によってはあるのかもしれませんが、仕事量が少ないということは決してなく、馬車馬のように働いているのに実績に見合った適切な昇格が行われず、給料も上がらずにいわば飼い殺しをされている人は多くいると思います。

Xを見るだけでもそういう悩みを抱えているメーカー界隈の方々がいると感じています。

私から言えることは、まず悩んでいたら転職サイトに登録すること。そして、転職経験者に話を聞くことです。まずはとにかくスタートを切ることが大事です。今の能力や仕事内容でも、会社や環境を変えれば年収は上がります。また、長いキャリアを考えた上でも、次のステップに進みやすくなることも事実です。

人は誰しもが不満や違和感を抱えながら生きているものです。でもそこで「そんなもん」だと割り切って惰性で人生を歩んでいくのではなく、とりあえず一度は現状打開のために動くべきだと思います。行動をすれば、見える景色は確実に変わります。

皆さんが良い選択をできるように、心より祈っております。

Vol. 12

総合商社↓家業↓外資系コンサルティングファーム

海外駐在が原因で2度の婚約破棄を経験した男の半生

スーホ・30代前半

私は都内の私立大学を卒業し、新卒で総合商社に入社しました。入社後は消費財のトレーディングを担当し、社会人4年目の終わりからインド→アメリカと海外駐在を経験しました。その後、家業を継ぐために退社。1年ほどで家業が廃業し、短い無職期間を過ごした後、コンサルティングファームに再就職をして数年コンサルタントとして仕事をしています。婚約破棄も経験しました。波乱万丈でなにがなんだかわからない経歴だと思いますので、自分の生い立ちから話していこうと思います。

日米を往復し続けた少年時代

私は父親の仕事の関係でアメリカ北東部の田舎町で生まれ、4歳まで過ごしました。日本人が少ない地域ではなかったですが、日本人はマイノリティで、思い出せることは少ないですがあまり周りに馴染めずに幼少期を過ごしました。

日本に帰国してからも、父のアメリカ・カナダ駐在やアメリカ移住（失敗）などがあり、2、3年のスパンで日本と北米を往復し続け、大学生になる頃には気づけば人生の半分以上の時間を北米で過ごしていました。皆さんが想像するようなイケイケでアメリカンな生活ではなく、特に騒ぐこともなく、ドラッグや飲酒をやることもなく、成績もスクールカーストも微妙な位置の平凡な学生でした。

日本の大学に進学

人生の半分以上を北米で過ごしていた私ですが、何故か大学は日本の大学に行こうと中学生くらいのときから思っていました。恐らく、日本のキャンパスライフを描いたドラマや漫画の影響だと思います。

そして、私は帰国子女の経験の一本足打法で都内の私立大学にAO入試で入学しました。大きな希望を胸に日本の大学に入学を決めましたが、特に大学デビューすることもなく、真面目な大学生活を送ることもなく、在学中はテキトーに授業に出て、テキトーにサークル活動を楽しみ、テキトーにバイトをし、テキトーにゼミを頑張り、テキトーに過ごして気づいたら大学3年生になっていました。大した思い出もなければ大した経験や成功体験もなく、テキトーな学生生活で養った価値観を背負って「就活」という人生の大きな選択をしようとしている自分がおかしくて、全くもって就活に身が入りませんでした。

ノリで乗り切った就活

それでも時は無常に過ぎていくもので、だんだんと4月1日の就活解禁日は近づいてきました。それに合わせてエントリーシートの提出やテストセンターや筆記試験などのイベントで日々忙しくなり、斜に構えてる暇はないと2月くらいから全力で就活にのぞみました。とにかく、カッコいいしモテるし金がたくさんもらえるという理由だけで総合商社と専門商社を受けました。

自分のグローバルな生い立ちも少しは活きるのではないかという淡い期待で就職活動に臨みました。時間がなかった割に就職活動は上手くいき、総合商社2社から内定をもらいました。正直どちらに入社してもよかったのですが、ネットで調べて平均年収が高いほうを選びました。今思うと、英語がネイティブレベルだったのと、一度だけノリで参加して完走したことのあるトライアスロンを「幼き頃からの趣味」として書いていたのがウケが良かったのかもしれません。

ちなみに、人生でトライアスロンに参加したのはその1回のみです。今後も死ぬまで参加することはないと思います。

微妙な配属

そんな感じでテキトーに就活をして新卒で総合商社に入社した私は、配属面談でもテキトーなことを言って（もはや何を言ったかすら覚えていない）、なんとも微妙な消費材のトレーディングの部署に配属されました。

事業投資や官民連携の一大プロジェクトをやりたいなどと思ったことは人生で一度もなく、ゴリゴリのトレーディングの部署に配属となったことに悲観的な思いは全くと言っていいほどありませんでした。配属されたグループの構成は、50歳overの管理職1名、中間管理職1名、グループ付けでほぼ何もしていないおっさん1名、雑務まで色々こなす30代半ばのイケイケな先輩1名、お局さん1名、派遣のお姉さん1名の6人チームで、そこに増員という形で配属となりました。

30代半ばのイケイケな先輩（オードリーの春日に似ていたのでここからは春日と呼ぶ）＝春日が常にオーバーワーク気味だったので、私が送り込まれたようでした。春日は馬力があって頭もいいし資料の作成も早かったですが、英語があまり得意ではなかったので英語ができる私が投入されたんだと思います。

配属されてから最初のほうは、春日の苦手な英語の電話に積極的に出たり、英語のレポートを書いたり、英語の資料を作成したりと、英語が必要となる雑務を主にやっていました。そうして1か月が過ぎた頃、だんだんと業務内容にキャッチアップできるようになり、徐々に海外拠点や海外サプライヤーとのミーティング等にも参加させてもらえるようになりました。

そこでも主な役割は議事録を取ることでしたが、たまに春日の言っていることが上手く現地側に伝わっておらず、割って入って通訳をすることもありました。それが何回か続いた結果、上長が「現地とのミーティングはもうスーホに任せよう」と言い放ったことで、春日の一部の海外とのミーティングがすべて私に渡されました。それだけでなく、今まで現地に任せっきりでうまくいっていなかった案件の現状把握とテコ入れという名目で、何度も海外出張に行かされるようになりました。

海外出張というと響きはいいですが、私の行先はインドやパキスタン、スリランカ、カザフスタンなど、これまで個人的に希望していなかった国ばかりであったため、マイルが溜まっていくこと以外にあまり嬉しさはありませんでした。

初めての長期海外出張

そんなこんなで1年が経ち、入社2年目では炎上気味の案件をクローズさせるためにインドへの長期出張（3か月）を経験しました。

かっこよくクローズさせると書きましたが、実際はとん挫した案件をクローズする際に誰かがその場にいないと示しがつかないので私が送られただけでした。嫌味を言われながら現地の日系サプライヤーに頭を下げ続け、なぜか週1しかない休みは楽しむ余裕も環境もなく、ホテルの部屋で本社へのレポート業務を行うような日々でした。

信頼できるレストランはホテルの1階の中華だけで、それ以外のレストランに入ると10割の確率でおなかを壊しました。この3か月という時間は、私に2度とインドには行きたくないという強い負の気持ちを抱かせるのには十分すぎる長さでした。

恐怖の海外駐在内示

長期出張から帰ってきた後はそこまで大きなイベントもなく淡々と1年半が経ち、社会人4年目の終わりに部長から呼び出されました。

「スーホくん、君は来年からインドね」

突然すぎる絶望的な通告に言葉が出ず、部長の前で30秒ほど本気でフリーズしました。インドでの辛かった（嫌だった）記憶が走馬灯のように短時間でフラッシュバックし、脳のキャパシティが一瞬でFULLになりました。

「あの、インドですよね？　カレーの」

と念のために部長に聞くと、

「インドだよ、ガンダーラのインド」

と言われました。「ガンダーラはパキスタンだろクソ野郎」という無駄にその地域に詳しいが故に出てきた突っ込みをグッと堪え、その場で渋々承諾をしました。

初めての婚約破棄

インド駐在という内示に絶望していた理由はインドという国に行きたくないということだけではありませんでした。私の人生プランでは先進国駐在を拝命するエリートコースを歩み、当時婚約中だった彼女と駐在を機に入籍し、帯同で海外生活を送る予定でした。「海外で子供が生まれたら帰国子女だね」なんて話でよく盛り上がっていましたし、彼女自身も父の仕事の都合で小さい頃にマレーシアに住んでいたので、駐妻の生活がどんなものかは良い感じにイメージしていたと思います。そんな中でインド駐在を拝命した私の心境は絶望でした。

帯同は可能でしたが、条件は週末のみ家族が住む町に帰れて、平日は田舎の拠点近くのゲストハウスに住むというものでした。彼女は幼少期のインド旅行が軽いトラウマになっていたらしく（道端でウ●コしている人を見たとか、野生動物に追いかけられたとか、トイレットペーパーがなくて絶望したとか）、インドにはマジで行きたくないと事前に言っていたので、インドという国に連れて行くのも絶望的だし週末しか私が帰ってこないという条件も絶望的だし、もうすべてが絶望的でした。もうどう伝えればいいのかわからず、1週間ほど脳内で作戦会議をした結果、左記の2点で攻めようと思いました。

1 給料が2倍になる
2 部長から期待されてるので出世に繋がる

1週間の長考でなぜこの2点に絞ったのか？　それはこの2点くらいしか伝えられるメリットがなかったからです。関ヶ原の戦いの合戦に全裸丸腰で突撃するような気持ちで私は彼女にインド駐在についてきて欲しいと伝えました。長く付き合っていたし、婚約中だし、たとえインド駐在だとしても彼女はついてきてくれると信じていました。結果は……。

「絶対に嫌だ」

今までの人生で聞いた中で最もハッキリとしたNOでした。食い下がって説得を試みましたが、彼女からYESという答えをもらうことはできませんでした。こんな感じでインド駐在を伝えてからじんわりと2人の間に歪みが生まれ、日に日にその歪みは広がっていき、気づけばとても修復できないレベルになっていました。

もう2週間ほど電話もLINEもとらずに過ごしていたら、彼女から「ちょっと会って話したい」と言われ、会社の近くの喫茶店で会いました。店に入り席に着くと、先についいて座っていた彼女に婚約破棄を言い渡されました。心の準備はできていたので、返された婚約指輪を受け取り、できるだけ笑顔で去っていく彼女を見送りました。

ショックとインドへの憎悪で2週間程軽く不眠症になりましたが、なんとか乗り越えて私はインド駐在に出発しました。

苦しかったインドの話をしよう

インド駐在の話は思い出したくない記憶がありすぎて思い出せる範囲内の記憶だけで書くと、とにかく空港もオフィスもレストランも男も女もみんなカレー臭がしました。仕事もカレーのデリバリー……ではなく消費財のデリバリーで、まぁ日本でピッチャーをやっていた業務をインドではキャッチャー兼内野兼外野として超広範囲を守るようなモノだったので、とにかくキツかったしカレー臭かったです。

幼き頃から土日休みのゆとり教育だったのに、30近くになっていきなり週休1日になり、「明日も休みだ！」という感覚を抱かなくなり、思いっきり休日に何かを楽しむこともなかったので、唯一の休日である日曜日もただNetflixを見たり、YouTubeを見たり、Amazon Prime Videoを見たりしていました。

休日はとにかくやることがなくて（気力もなくて）暇でした。ランニングが趣味ですが、野犬が怖いので一歩も外を走る気にはなれませんでした。仕事はつまらないのにとてもヘビーで、プライベートもつまらないので月一くらいの頻度で本気で上司にインドから脱出したいと伝えていました。リフレッシュ休暇はタイやシンガポールやマレーシアに遊びに行ったり、謎にネパールに遊びに行ったりして日本にはほとんど帰りませんでした。

歓喜の〝脱インド〟

日本から出張者が来るたびに、「スーホがインドで病みかけていてこのままではヤバいと本社で噂を流して下さい」と頼んでいた地味な活動が実を結んだのか、2年目の終わりに米国への横スライドが決まりました。

私は人生で初めて雄たけびを上げながら男泣きしました。穴という穴から汁が出ました。流石にそろそろ真面目な話をすると、苦しかったら苦しいとちゃんと伝えたほうがいいし、嫌なときはわかるように嫌な顔をしたほうがいいし、無意識にハイと言わないほうがストレスのない生活を送ることができます。

察してちゃんになったら終わりです。あなたのことを察してあげようなんて素晴らしい気概の上司はほとんどいません。

優雅なアメリカ駐在

そんなこんなで米国へ逃亡した私ですが、業務は継続して消費財のデリバリーのキャッチャー兼内野兼外野的な業務で、日本のプロ野球からアメリカのメジャーリーグに移籍した感じで、メンツは変わってもやることもキッさもそこまで変わらなかったです。

久々の欧米の早い英語にもすぐに慣れ、仕事に慣れるのにそう時間はかからなかったです。前任が英語で苦労していた方だったので、英語が喋れるだけでも周りの米国人たちからはかなりありがたがられました。

もちろん国や州が変わればリーガルマターやデリバリーの個性（文化由来、インフラ由来、気候由来、他）は異なりますが、基本的な所は一緒なのでそこまで業務は辛くなかったです。アメリカでは運よく都市部に駐在となったため、欲しいものは一通り手に入るし、おしゃれなレストランやカフェもたくさんあって、インドと比べると格段に生活の質が上がったので不満はありませんでした。公私ともに特に大きなイベントもないまま、何不自由なく過ごして1年が過ぎた頃、私はとんでもない事実に気づきました。

「そろそろ30歳になるのに彼女すらいない」

インドの不自由な生活の中では一度も考えたことがなかった「結婚」について考え始め、30歳近くにもなって彼女すらいない自分が急に情けなく思えてきました。

婚活@アメリカ

私はすぐに婚活を始めました。まずは出会いを探すべしとマッチングアプリに登録しました。しかし、アメリカに住んでいるので当然アメリカ人ばかり。私はアジア人が好みなのでアジア人を必死に探すも、中々自分の好みの容姿の女性に巡り合えず、エンドレススワイプで時間を無駄にしながら生きていました。

モノは試しと、白人女性や黒人女性、容姿が好みでないアジア人女性とマッチしてデートもしてみましたが、やっぱり中々上手くいきませんでした。そんな中、上司から言われて参加した貿易実務のセミナーで同じく駐在員としてアメリカに来ていた同い年くらいの女性と出会いました。容姿端麗でハキハキと話す女性で、金融系でアメリカ駐在というハイスペ女子でした。

セミナー後に若手何人かで飲みに行こうという話になり、バーに飲みに行きました。そこでの振る舞いや話し方がとても気さくで、品のある見た目とのギャップにやられました。話の流れから独身で彼氏もいないということはわかりましたが、「こんな女性が僕と釣り合うはずがない」と早々に諦めました。

そのまま会はお開きになり、解散して帰路に就くと後ろから「すいません」と声をかけられました。振り向くと「LINE交換しませんか?」と笑顔でこちらを見つめる彼女の姿がありました。驚きと嬉しさと戸惑いとカッコつけたい気持ちが合わさって金剛力士像のような顔をしていたと思います。「すいません。迷惑でしたか?」と聞く彼女に「結婚して下さい」という気持ちを必死に抑えて「あ、いいですよ」と人生で一番喜びを抑えながらLINEを交換しました。その日からオフィスも家も近かった私たちは定期的に会うようになり、デートを重ねました。

私たちが打ち解けるのに時間はかからず、1か月もしないうちに付き合いました。「あ、もうこの人しかいない」といった感覚がお互いにあったのか、色々なことがスピーディに進んでいきました。付き合って1か月ちょっと経ったとある休日にハンバーガーを食べながら、彼女のスマホで一緒に近くのカフェを調べようと思った際、検索履歴の一番上が「ハリー・ウィンストン」だったのを見たときはさすがに焦りましたが、その早さを許容できるくらいには彼女に夢中でした。

2度目の婚約

そして、付き合って4か月目のある日、何となく将来のことを話していると彼女が「私、たぶんスーホさんと結婚すると思う」と言いました。

その本気か冗談かわからない一言に「こんな感じでこじらせてきたタイプなのかな」と一抹の不安を覚えつつも、次の週末には吸い込まれるようにハリー・ウィンストンに行っていました。指のサイズがわからず、「いい感じの指輪があったからサイズ教えて」と匂わせMAXなLINEで指のサイズを確認し、インド貯金（高いハードシップ＋低い生活コストでかなりの額がありました）を切り崩して、私は150万円程の婚約指輪を買いました。

そしてその翌週、レストランで婚約指輪を渡しました。彼女の答えは「YES」で、私は見事2度目の婚約をしました。「今度こそ絶対にゴールインするんだ」なんて気負う気持ちは一切ないくらいに約束された華やかな未来が私には見えていました。

しかし、その1か月後、私は部長からの電話で突然の帰任を告げられました。部長からの電話を切り「任期はまだ1年残っているのになぜ？」と半ギレで上司に詰め寄ると、デリバリーの日本部隊の内、1人が退職、1人が部署異動、1人がメンタル不調で休職とのことで、壮大な玉突き人事が起きていて、私もそれに巻き込まれたとのことでした。いなくなった当事者全員がどのようなレベル感（負荷含む）で働いていて、どのような仕事をしていたかを知っていたので、事が事だけに騒いでも意味がなさそうだったので帰任の内示を受け入れました。

2度目の婚約破棄

すぐに彼女に連絡をしたら彼女は明るく受け入れてくれました。「まぁ、私もあと2年で帰るからね！　2年だけ！」私はホッとした反面、2年という長い年月を想像して気が重くなりました。

恐らく彼女も、明るく振る舞っていましたが30歳を過ぎた年齢での2年という年月に戸惑いを感じていたと思います。帰任の内示をもらってから、コミュニケーションの量が日に日に減っていくのがわかりました。引継ぎや挨拶回りで私が忙しかったのもありますが、それよりも先の見えない将来に対しての不安感から、お互いが少しずつ距離を取るようになった結果だと思います。

1か月程経ったある日、彼女から「今日カフェで話そう」と久々に連絡が来ました。4

年前の記憶がフラッシュバックし、明確に「終わった」という感覚がありました。

久々に会った彼女はどこか疲れた顔をしていました。いつもの明るい笑顔で「もうわかってると思うけど、お互い自由に生きよう」と伝えられました。指輪も返してもらい、あふれる涙を堪えながら笑顔で彼女を見送りました。

冷たいビル風に吹かれながら、涙目でハリー・ウィンストンの指輪を握りしめて家に帰りました。私は30歳にして2度目の婚約破棄を経験しました。1度目はインド駐在の内示をもらったことがキッカケ、2度目は日本に帰任の内示をもらったことがキッカケでした。

もう恋なんてしないなんて言ってないですが、私は32歳になった今でも絶賛独身です。

海外駐在＝勝ち組なのか

世の中には「海外駐在」＝「勝ち組」という認識がある人が多く存在します。

駐在員は「お金を稼ぐ」ゲームにおいてはもちろん勝ち組だと思いますが、「幸福な人生を歩む」ゲームにおいて勝ち組かは甚だ疑問です。働き過ぎで体を壊す人、単身赴任で家庭に居場所がなくなる人、家族が駐在地の環境に耐えられず辛い思いをさせてしまう人、私のように婚期を逃して迷走してしまう人、「駐在員」と一言で言っても十人十色で色々な人生があります。

もちろん駐在経験を活かして社内で出世街道を突っ走る人、転職してキャリアアップする人たちもいます。ただ、私のように大したキャリアアップもせずに、人生における非常に大事な婚期を二度も逃す人もいます。

私は2度目の婚約破棄を会社の命令によって経験したことが許せず、家業を継ぐ形で、帰任内示をもらってから2か月後に総合商社を退社しました。正直もう色々なことがどうでもよくなっていました。

いまの私

色々あって家業を売却した後に少しの無職期間を謳歌し、その後、再就職して外資系コンサルティングファームで働いています（執筆当時）。日々忙しく働いていますが、2度の婚約破棄の原因となった「転勤」がないので心は穏やかです。

海外駐在がキッカケで2度も訪れた婚期を逃してしまったからか、まだ結婚はできていないですが、東京でしっかり地に足をつけて、人生の伴侶を探していこうと思います。

Vol.
13

大手広告代理店➡メガベンチャー

リモート×地方移住という新たな選択肢

竜也・30代前半

大手広告代理店で勤務し、いまはメガベンチャーに転職して現在6年目です。

転職を機に東京の都心から長野の田舎に移住して、毎日自然と調和しながらのんびり暮らしています。こんなド田舎で暮らす私のちっぽけな人生なんて誰が知りたいんだろうかとも思いましたが、この章では東京で〝広告マン〟としてキラキラした生活を送っていた私が、転職して地方に移住をした過程を書いています。

夢を追って長野から東京に出てきたのに、夢が破れて故郷の長野に帰ってきた情けない私の赤裸々な半生が、同じように人生の岐路に立って悩んでいる人の背中を押すことに繋がれば嬉しいです。

私の就職活動

「俺たちの転職物語」の編集長・歩兵くんとは旧知の仲で、大学3年のときに就活団体で知り合いました。

お互い田舎出身で高校まではゴリゴリの体育会系、大学では留学に挑戦し、それぞれの経験を軸に就活をしていたので境遇が似ていました。

正直どこかライバル視もしていましたが、お互いに悩み、アイディアを出し合いながら共に就活を戦った戦友の1人です。

就活では彼が総合商社、私は大手広告代理店から内定を受け、同じく早い段階で就活を終えた「俺たちの転職物語」副編集長でもある中尉くんも交えて3人で毎晩のように都心で飲み歩いていました。

3人とも内定先の平均年収は1、000万円超。「来年からめっちゃモテるだろうな」「いやぁ、人生勝ったわ」。真っ赤な顔で約束された未来を語っていた我々が、まさか数年後、全員残らず転職しているとは夢にも思いませんでした。

天狗だった新人時代

社会人生活1年目は順調でした。希望通り東京本社の花形部署に配属され、いくつかの大型案件に携わりました。仕事は想像通りのいわゆる「激務」でしたが、上司にも恵まれて一定のやりがいを感じていました。

収入は大学時代の同期と比べてかなり多くもらっていたので、とにかく調子に乗りまくって派手な生活を送っていました。

仲の良い同期らと買い物や飲み会、合コンで散財し、入った給料を100%その月に使い切る生活。買い物は基本的に銀座や有楽町でブランドものを買い漁るような、いま思うと成金みたいなアホの極みでした。

街中では肩で風を切って歩き、その誰もが羨むような日常をインスタに載せて、まわりから「お前すっかり広告マンに成り上がったな」と言われるのが当時は快感で完全に自惚れていました。

そういうのが楽しかったんです。無駄遣いをして「俺ら経済回してんな」とか言い合いながら、インスタにそのアホみたいな日常を投稿して、「自分は周りとは違う」ということを噛み締める毎日でした。

こうしていま改めて振り返ると、ダサすぎてもう書いているのが恥ずかしくなりますが……。まあ、若気の至りですね。こんな感じで金遣いがとてつもなく荒かったのですが、いま思えば決して無駄ばかりではなかったなとも思えます。

あの頃金を使いまくって遊びまくったおかげで「世の中にはもっと大切なことがある」と気づくきっかけになりましたし、ハイブランドで身を固めても得られるものは「結局こんなもんなのか」と知ることができました。

じゃあたとえばあの頃散財したお金を貯金していたらいま幸せだったのだろうか。たぶん、そんな単純な話ではないですよね。

そう考えると決して「無駄遣い」ではなかったようにも思えます。

いまでは妻のおかげで金銭感覚はかなりまともになりました。やっぱり持つべきは堅実な妻ですね（笑）。

仕事に忙殺される日々

一方で、2年目の頃から仕事は一気に忙しくなりました。

以前は遅くても終電には帰ることができていたのですが、2年目からは深夜3時まで仕事をしてタクシーで帰宅、7時に出社という異常な勤務が続くようになりました。

早く上がっても接待続き。それまではいくら忙しくても休日にアホみたいに金を使って欲求を満たしバランスを取っていましたが、いよいよ休日もクライアントからの連絡や依頼の対応で埋まり、ストレスのはけ口がなくなっていく感覚に陥りました。

1年目で一緒にアホみたいに遊んでいた同期も皆仕事が忙しくなり、以前のように集まって馬鹿みたいに騒ぐこともなくなりました。仕事をしているか、寝ているか、何もやる気が起きずにぼーっとしているかだけの日々が続きました。

そして3年目になったある日の朝、ついに体が壊れてしまいました。ベッドから起き上がれないのです。どうやっても体に力が入らない。思考が止まってしまったかのような初めての感覚に襲われたのです。

こんなことは今までなかったので驚きましたが、しばらくすると体が動くようになったので、上司に遅刻する旨を伝え、タクシーで急いで会社に行きました。

遂に限界を迎えた体

この頃は、毎晩悪夢にうなされ朝目が覚めてもベッドから中々起き上がれない日々でした。

「これはもしかしたら……」そんな思いを抱きつつも、「うつ病なんて気が弱い雑魚がなるものだよな」と自分を押し殺し、とにかく毎日職場に向かっていました。

そしてある日、本当にベッドから出られなくなりました。

どうにもこうにもベッドから出られないのです。体と心が上手くリンクできていない感じで、出よう出ようと思っても全く体が言うことを聞きません。

そうこうしているうちに出勤時間になります。「あ、やばい職場に連絡しなきゃ……」でも、なぜかスマホをつかむこともできません。そう、これがうつ病というものです。文字通り、体が動かなくなるんです。

ようやくの思いで社用スマホを手にし、泣きながら上司に電話をしました。職場は絵に描いたようなゴリゴリの体育会系でしたが、幸い直属の上長は非常に理解力に長けた人格者で、出勤できない旨を伝えると、業務は全て巻き取ることと、落ち着いたら医師の面談を受けろと言いました。

振り返ると、当時のことはあまり記憶がありません。それだけ無意識のうちに体が蝕まれていたのでしょう。

数日有休を取得して業務を休み、産業医と面談、その後、心療内科に数回通ったはずです。唯一はっきりと覚えているのは、最初に心療内科に行ったとき、医師に「適応障害」の可能性を指摘されたこと。

何それ？　仕事も順調だったし環境にはめっちゃ適応していた自信がありました。まさか自分が、と思いましたが、医師には「うつに近い状態」と説明されたと記憶しています。「寝られないのは、寝るためのエネルギーが毎日足りていないからで、今は少し休んで余計なことは何も考えず、朝も晩も寝られるだけ寝なさい」と、「服を買いに行くための服がない」みたいなことを言われたことを覚えています。

思えば少し自分の中で驕りがあったのかもしれません。新人の頃から「大きな仕事」を任され、馬車馬のように働き、稼いだ金を豪快に使い、死ぬほど酒を飲み、女を抱き、また馬車馬のように働く――。

そんな生活にやりがいを感じてかっこいいとすら思っていましたが、もしかしたら単にそういう自分の姿に酔っていただけかもしれません。知らず知らずに、自分で自分の体を壊すような生き方をしていました。

「俺が、うつですか……」

そう呟くと、先生が「だいたい皆さん最初はそういうリアクションです」と言いました。

これまでの考えや価値観、正解だと思っていたことが全て否定されたように感じ、完全に自信を失ってしまいました。

「一旦、全て忘れて休みましょう」

念押しする先生のその言葉に戸惑いを覚えつつ、正直、少し安堵している自分もいたのでした。

諦めた夢

もともと私は高校の頃から広告マンになりたいと考えていました。理由は至って単純で、従兄弟が広告を制作する仕事をしていた影響です。

一枚の絵、シーン、一言のフレーズで何かを伝える、誰かの心を揺さぶる。時には社会を動かす。そんな職人っぽいクリエイティブな仕事が純粋にかっこいいなと思ったのがきっかけでした。

大学ではパブリックリレーションズ――いわゆるPR――を学んでいました。夢は東京五輪に関わること。新人の頃、上司と飲みに行くたびに是が非でも五輪関係の仕事ができる部署に行きたいとよく口にしていたのです。

そして念願叶って2年目に希望のプロジェクトに参加しましたが、前述の通り、異常な日々にメンタルを蝕まれてしまいました。

少し話が飛びますが、数か月欠勤したのち、私は職場に復帰します。しかし現実は残酷です。私は職場で「うつ病持ち」のレッテルが貼られ、ほとんど仕事が振られず、腫れ物に触るような扱いを受けていました。

当然激務だった五輪のプロジェクトからは外され、異動先は窓際に近い部署。

当時の部長は人事畑の人間で、「今は耐えろ。きちんと職務復帰できたとこちらが判断すればまた異動のチャンスはある」と言ってくれましたが、果たしてそれがいつになるのかという不透明さも当然ありました。

人生を変えた上司の言葉

倒れる前まで一緒に仕事をしていた上司は海外事業の担当になり、アジア駐在になっていました。

「お前、いまの仕事つまらんだろ？」

ある日、腐っていた私の下に、急にその元上司から電話が来ました。

「お前がその気なら、こっちで一緒に仕事しないか。今すぐではないが、推薦できる」と言ってきました。

海外赴任の誘いはすごくありがたかったし、内心迷いましたが、これまで追いかけてきた夢があっさり消えてしまったショックからまだ立ち直れず、仕事へのモチベーションを失っていた私は駐在で信頼できる上司に迷惑をかけられないと、丁重にお断りをしました。何より、メンタルを病んでしまったことで極度の自信喪失状態に陥っていました。

このとき、その元上司に言われた言葉は今も鮮明に思い出せます。

「やりたいことがあるのは素晴らしい。でも、やるべきことと混同するなよ。やるべきことの先に、やりたいことが待っている」

思えば、本当にその通りだったなと。当時の私はまだ若く、やるべきこととは何かよく理解できていませんでした。

追っていた夢が突如目の前から消え、諦めないといけない状況になると人間どうしていいかわからなくなるものです。

まだまだ20代半ば、これからという時期に、私は途方に暮れ、この会社で今後どう生きていくべきかわからなくなっていました。

転機となった彼女の言葉

これからどう生きていこうか。そんな私に勇気を与えてくれたのが、当時付き合っていた彼女からのＬＩＮＥでした。

当時、私は自暴自棄になり、毎晩のように友人と飲み歩き、寝不足のまま出勤していました。友人や家族にも言っていませんが、当時は本当に体もボロボロで、睡眠薬を服用しないと眠れない状態にまで壊れていました。

「もうマジで全部投げ出そうかな」

ある日、冗談半分に彼女にいうと、いつも冷静な彼女に「甘えるな」と怒られました。

「別にあなた1人がいなくても会社はまわるし、どうしてもやりたいことがあるなら自分で掴みにいきなさいよ」

その言葉にハッと気づかされました。いまの会社で一生過ごすなんていう決まりはないし、やりたいことがあるならそれこそ別の会社で叶えることもできる。

僕は一番大事な「自分で行動する」ということが見えなくなって、環境のせいばかりにしていたのです。思えばどこかで「自分は優秀だから」という思いが、プライドが、行動することを邪魔していたのかもしれません。でも、たかが社会人3、4年目、まだまだ下っ端。逆に言えば、軌道修正はいくらでも効く年次でした。

「転職、やってみるか」

単細胞な私はその晩、すぐにビズリーチとリクルートエージェントに登録をしました。というか、その二つしか知らなかったので。このとき、実際に転職するつもりはせいぜい30％ぐらいでした。

とにかくなにか気持ちの救いとなるものが欲しかった。きっかけはそんなところからでした。

転職という新たな一手

正直、転職なんて今まで考えたことすらなかったです。広告業界で、このまま定年まで勤めるんだろうな、それが当たり前だとすら思っていました。

ビズリーチと、有名どころのリクルートエージェントにも一応登録しました。結局、リクルートのほうで実際に企業に応募することはありませんでしたが、対人コミュニケーションでこちらの希望を細かく伝えることができるので、全く転職について無知だった私が自分の市場価値を把握するにはとても良いシステムでした。

そしてビズリーチにはいくつかの企業の採用担当からスカウト連絡が来ました。中でも惹かれたのがメガベンチャー。

やりたいことやビジョンが合致していたのはもちろん、何より魅力的だったのが、「リモートワーク可」という働き方。毎日接待続き、寝不足で満員電車に揺られて職場に向かう、そんな生活が当たり前だと思っていた私にとって、とても斬新で興味深いものでした。

ありがたいことに転職活動は思ったよりも順調に進み、3社から内定をいただきました。

ここで私は非常に悩みました。

当時の年収は約900万円でした。

A社はフルリモートの企業で、クリエイティブ系の職種です。面接をした方々は腰が低く、3社の中で印象は一番良かったし、ワークライフバランスが良いと評判でした。ただ懸案は、提示年収が200万ダウンの700万円だったことです。

B社は週2、3日程度リモート、残りは出社というハイブリッド式の勤務で、職種はA社と同じ、提示年収は1,000万円。

C社もB社と似たような感じですが、業界トップシェアを誇り、仕事は一番忙しそうな印象なのでもともと受ける段階からあまり志望度は高くなかったものの、年収は最も高い

1,100万円でした。

一度倒れたことのある私にとって選択肢はA社かB社のどちらか、年収を取るか、働きやすさでとるかですごく悩みました。

故郷で気づいた大切なこと

内定をもらった日の夜、私は地元に帰りました。

北陸新幹線で東京から1時間半。帰郷のメインの目的は祖父の七回忌でしたが、無性にあの懐かしい空気を吸いたくて、3連休と有休を繋げて5日間、長野に滞在することにしました。

A社とB社の人事には、内定を受け入れるか少し時間をもらいたいと伝えていました。とはいえ、そんなに長く待たせるわけにはいきません。一度東京を離れて頭をリフレッシュし、今後の決断をしようと考えました。

地元の空気はとてものんびりしていました。早朝に起きて、遠くそびえる雪山を見ながら10キロ走り、夕方は田んぼから響くカエルの大合唱を聞きながら近所の公衆浴場で汗を流す日々。満員電車もありません。

コンクリートジャングルからは見えないほど、どこまでも続く空が広がっていました。新人の頃、ハイブランドで身を固め、働きまくり、遊びまくることがすべてだと思っていた私に対して、この雄大な景色は何かもっと大切なことがあると語りかけているようでした。

「人間らしく生きるって、たぶんこういうことなんだろうな」

もう二度と、心療内科に通った日々に戻りたくない。自分の体を大事にしたい。変なプライドに邪魔をされたくない——。そう考えていくと、年収とか稼ぎとかは一旦どうでもよくなりました。

そしてその夜、A社に内定を受諾する連絡をしました。

後述しますが、彼女とは結婚を考えていたので、A社に連絡をする前に一度電話で話をしました。

彼女は大学時代の僕を知っているので、あれほど志望していた広告業界を離れる選択に「本当にいいの?」と戸惑っていましたが、「自分の好きなようにするべき」と最終的に理解をしてくれました。本当にできた彼女です。

唯一、年収が下がる決断は最後まであまり納得はしていなかった様子で、「ちゃんと給料は上がるの?」「生活水準変えられるの? あなた金遣いめちゃくちゃ荒いよね?」と心配されました。この年収に関する決断については、また最後に詳しく書きます。

内定、そして退職

数年前まで自分が転職をするとは夢にも思わなかったですが、いざ転職をするとなると物事あっという間に過ぎていくものです。

退職の意思を伝えると部長は驚き、「なんで？　やりがいあったでしょこの仕事？　後悔するよ」と迫ってきました。ドン引きしました。でも多分、ＪＴＣとはそういうものなのでしょう。

僕が退職した後、堰を切ったかのように同期が10人ほど続々と転職をしましたが、それまでは同世代を含め、そこまで人がバンバン入れ替わる企業ではありませんでした。部長としても、部下に辞められるという機会が初めてだったそうで、動揺もあったのかもしれません。

最終出勤日には、これまでお世話になった上司や部下、同期が数十人集まってくれました。行きつけのバーを貸し切り、最後の最後に広告業界っぽい派手な飲み会をしながら、その時初めて「あ、もうこの人たちと一緒に仕事ができないのか」と、少し寂しい気持ちになって泣きました。

一緒に仕事をした方々とは今も連絡を取り合い、飲みに行く仲ですし、本当にいい職場に恵まれたと感謝しています。もう古巣に戻ることはないですが、またいつか、あのメンバーで仕事をしてみたい、そう思わせるようなチームでした。

移住という選択

新たな職場となるA社はフルリモートで、実質居住地の制限はありません。私は東京本社の配属となりましたが、故郷に近い長野市に住むことにしました。

有休消化中、私は彼女にプロポーズをし、婚約しました。彼女も六本木に本社を置くIT企業勤めで、こちらもコロナ禍より前からリモートワークを導入しており、彼女のキャリアを途絶えさせることなく一緒に住むことができたためです。

そして数年経過し、コロナ禍に入るといよいよお互い出社の機会がめっきり減りました。それまでは長野駅から徒歩圏内の市街地に住んでいましたが、第一子が生まれるとき、引っ越さないかという話になりました。1LDKで少し狭かったのもありましたが、リモートメインの生活になって思ったのは、なにか常識を打ち破るような生活がしたいな、ということです。

たとえば就業前にスキーをし、終業後に温泉に入るみたいな。仕事とプライベートが平日の1日に混在するなんて、ありえないですよね。でも、移住によってそれが実現できるのではないか、と。

そのような考えで私たちは長野で知り合った不動産関係者のツテを頼りに、今の場所に引っ越してきました。自然が豊かで本当に素敵なところです。

今は賃貸に住んでますが、本当に素敵な場所でここに住み続けたいと思えたので、土地を買って地元のハウスメーカーで小洒落た注文住宅を建てている最中です。都心と比べ物にならないくらい、半端なく安いです。「え、これで、この値段!? 何かの間違いでは」と何度も思いました。

夏は避暑地なので連休は混み合いますが、軽井沢のように観光スポットが多いわけではないので比較的住みやすいです。長野駅まで出れば東京まで新幹線で2時間ほどで、何度か社外の対応で都内に通勤したことがありますが、21時前ごろまで飲んでも電車で帰宅できます。確実に座れるので、むしろ東京の郊外に住むより楽です。

いや、すごい働き方ができるようになったなと改めて実感しますね。

そんなこんなでこの土地に家を建てて、フルリモートで働き続けていく決心をしました。

子供にはのびのび育って欲しいですし今はオンラインで何でも学べるので、教育の面はそこまで危惧はしていないです。進学校に行きたい、留学に行きたいなどと本人がもし口にしたら、そのときに考えようと思っています。

田舎暮らしを選択して今思うこと

よく早朝から近くの川で近所のおじいさんと渓流釣りをします。そして、帰宅するとこれまた近所の農家夫婦がお米と野菜を届けにきてくれたりします。この夫婦も、数年前に大阪から越してきた移住組です。

田舎って排他的な村社会というイメージも少なからずありましたが、私が住んでいる地域は若い人も一定数おり、その人たちと繋がりながら生きてるので、すごく住みやすいです。そして、時間がものすごくゆったりと流れていきます。

いままで平日は「仕事で埋まる1日」だったのに、就業前に趣味を楽しめるなんて、なんか本当にいまだに不思議な感覚でいます。

気になる年収のお話

皆さんが一番気になっているだろう「年収下がったけどどうだった？」という点について話します。

はい、額面で200万円下がりましたね。すでに書いていますが、ぶっちゃけ彼女にはちょっと怒られました……（笑）。まあ、そりゃそうですよね。

でも、きちんとこちらの考えを伝えると理解はしてくれました。結論として、はっきり言って年収減での転職を決断した後悔は1ミリもありません。

理由はいくつかあります。

まずは東京を離れたことで家賃や交際費など固定費を抑えることができました。そして移住によって、前述のようにより人間らしい充実した長野ライフを送れていること。家族の笑顔がなによりの幸せです。

そして最後に、リモートで浮いた時間を副業にあてることができるようになったことです。広告代理店時代のコネを活かして業務委託やフリーランスでいくつか副業をやっていますが、ざっと年間300万円ほどの収入があります。

本業と合わせて1、000万円超。田舎で暮らすには十分すぎる金額です。むしろブルジョワです。

スキルアップにも有効だし、将来的に法人化するという目標を持つのも生きる上でのモチベーションになります。安定した本業があれば、起業のリスクは最小限に抑えられます。

かなり赤裸々に自分のこれまでの転職記を書きました。正直、これが世に出回るのかと思うといまだに恥ずかしいです。また、決して器用なキャリアではないので、賛否もあるでしょう。

ただ、自分の生き方を評価するのは自分自身です。少なくとも私自身は、いまとても幸せです。

おわりに

2022年4月半ば、まだ肌寒さが残る中、私は最寄駅から始発電車に乗り、豊洲市場の寿司屋へ向かっていました。

6時半ごろ店に到着をすると、早朝にもかかわらずすでに先客が列をなしていました。最後尾で並んでしばらくすると、歩兵が何食わぬ顔で「おっす」と言いながらやってきました。

この日、歩兵と会うのは実に2年半ぶりでした——。

私と歩兵は同じ大学の出身で、知り合ったのは大学1年生まで遡ります。就活では彼が総合商社、私はマスコミと志望業界の方向性が全く違いましたが、ともに早い段階で第一志望の企業から内定をもらい、単位をほぼ取り終わった4年生の春以降、「俺ら完全に勝ち組だな」などと人生最大級に調子に乗っていました。

まさか十数年後、ともに転職活動を経験し、「転職っていいいぜ」みたいな本を共著で世に出すとは露知らず……。

社会人になった後はお互い仕事が極めて忙しく、勤務地も違ったために次第に疎遠になりました。そして歩兵は2020年、念願だった米国駐在に行くも、そこで大きな壁とぶつかります。

2021年2月、転職が決まった私は、Zoomで久しぶりに歩兵と話す機会がありました。

ですが、画面越しに映る歩兵の顔は痩せこけ、目の焦点が合わず、髭が伸び放題。まるで映画『オデッセイ』で火星に取り残され、食料不足になって死にかけていたときのマット・デイモンのようでした。

違う、これは歩兵じゃない。俺が知っている歩兵は、一年中LAレイカーズのタンクトップを着ているマイティー・モーみたいなやつだ。

そう思いましたが、やはり目の前にいるのは紛れもなく歩兵だったのです。

彼は異国の地で異次元の業務量に忙殺され、Zoomでは何度も「マジで転職する」と口にしながら、文字通り死にかけていました。

その言葉通り、翌年、無事転職活動を終え、帰国。「寿司が食いたい」という希望で、朝っぱらから豊洲の名店に足を運んだのでした。

評判の寿司屋でなにを食べたのかは正直全く覚えていませんが、2人で話した内容は鮮明に覚えています。

お互いの転職活動の話、そこで感じたこと、転職をしてわかったことや得たもの、価値観が大きく変わったこと……。そして何より、「行動すれば人生は変えられる」という点で深く共鳴しました。

締めの温かいお茶を飲みながら歩兵が呟いた「俺らの転職経験談とか書いたら、結構需要あると思うんだよね」という言葉が、いま思えば「俺たちの転職物語」の原点でした。

お互い業界も職種も全く違いますが、それでも共感することが多かったということは、つまりそれぞれが感じたことが、極めて普遍的なものであるということでした。

本書の編集作業をしながら、あらためて気づかされたことがあります。それは、人生とはどう進むか全く予想がつかないという点です。いまタイムマシーンに乗って大学4年生の自分に「お前は7年後に転職するんだよ」と伝えても、全く信じてもらえないでしょう。

私自身、新卒入社した会社で一生勤めるものだと思っていました。終身雇用という価値観がギリギリ生き残っていた世代、少なくとも当時はそれが〝答え〟だと思っていました。

でも実際は、10年も経たずに新たな環境に踏み出しました。

人間とは、〝答え〟を求める生き物だと思います。でも実際、答えは一つではなく、ライフステージに応じて変化するものです。

1年後、5年後、10年後の自分にとっての〝答え〟が何なのかなんていまわかるはずがありません。だから、せめて今日この瞬間に正解だと思う選択をとり続けるしかないと感じています。「人生は選択の連続」という言葉は、現代社会で戦う我々サラリーマンにも通じるものがあるのでしょう。

それは、本書に登場した13人の名もなきサラリーマンたちが何より証明してくれました。もがきながら誰にも褒められず、それでも進み続けるしかないのが人間であり、大人の宿命です。

本書は、多くの方とのご縁によって、様々な学びや生きるヒントがちりばめられています。実績も知名度もない我々の取材に快くご協力いただいた皆さんには、あらためて深く感謝申し上げます。

そして、無数にある転職系noteの中から我々を見つけ出し、声をかけてくださった編集者の山崎悠里さん、本当にありがとうございました。noteの書籍化についてお声がけをいただいたとき、ちょうど「俺たちの転職物語」は開始から2年が経過し、記事制作が停滞していた〝中だるみ〟の真っ只中でした。目標を失い、実際にnoteを休止しようという話まで浮上していました。

そんなときに山崎さんから「どの回も新鮮で刺激的だった」とのお言葉をいただき、改めて自分たちが2年かけて生み出したコンテンツの価値を見つめ直すきっかけになったことは言うまでもありません。

もし山崎さんからのＤＭが数日でも遅かったら、本書は誕生していなかったかもしれません。様々なご縁によって今があることに心から感謝しています。

最後に、休日の執筆時間確保に協力してくれた家族へ、ありがとう。

中尉

ブックデザイン　山之口正和＋永井里実＋齋藤友貴（OKIKATA）
イラスト　岡野賢介
DTP　鴎来堂
編集　山崎悠里

著者略歴

歩兵（ほへい）

1992年埼玉県生まれ。「俺たちの転職物語」編集長。大学卒業後、新卒で総合商社に入社。地方転勤や海外駐在を経てコンサルティングファームへ転職。人生観や子育て、地元でのマイルドヤンキーライフについてXで発信する。

Xアカウント @gontasan1992

中尉（ちゅうい）

1992年神奈川県生まれ。「俺たちの転職物語」副編集長、フリーライター。大学卒業後、新卒で新聞社に入社。記者生活を経て、フルリモートのIT企業へ転職。働き方や仕事、転職、家族との日々などについてXで発信する。

Xアカウント @takitakitakii14

俺《おれ》たちの転職物語《てんしょくものがたり》

2025年２月27日　初版発行

著／歩兵《ほへい》、中尉《ちゅうい》

発行者／山下直久

発行／株式会社KADOKAWA
〒102-8177　東京都千代田区富士見2-13-3
電話 0570-002-301（ナビダイヤル）

印刷所／株式会社KADOKAWA

製本所／株式会社KADOKAWA

●お問い合わせ
https://www.kadokawa.co.jp/（「お問い合わせ」へお進みください）
※内容によっては、お答えできない場合があります。
※サポートは日本国内のみとさせていただきます。
※Japanese text only

定価はカバーに表示してあります。

ISBN 978-4-04-811452-3　C0030

◆◇◇